外研社·HSK课堂系列
HSK Class Series

U0587295

21天 征服 HSK

5级
写作·语法

Level 5
Writing
& Grammar

◎ 郑丽杰 张丽梅 / 编著

外语教学与研究出版社
北京

图书在版编目（CIP）数据

21 天征服 HSK 5 级写作·语法 ／ 郑丽杰，张丽梅编著. —— 北京：外语教学与研究出版社，2016.7（2025.3 重印）
（外研社·HSK 课堂系列）
ISBN 978-7-5135-7945-2

I. ①2… II. ①郑… ②张… III. ①汉语－写作－对外汉语教学－水平考试－自学参考资料 ②汉语－语法－对外汉语教学－水平考试－自学参考资料 IV. ①H195.4

中国版本图书馆 CIP 数据核字 (2016) 第 188434 号

出 版 人　王　芳
责任编辑　刘虹艳
执行编辑　李　丹
封面设计　姚　军
出版发行　外语教学与研究出版社
社　　址　北京市西三环北路 19 号（100089）
网　　址　https://www.fltrp.com
印　　刷　河北虎彩印刷有限公司
开　　本　787×1092　1/16
印　　张　16
版　　次　2016 年 8 月第 1 版 2025 年 3 月第 7 次印刷
书　　号　ISBN 978-7-5135-7945-2
定　　价　59.00 元

如有图书采购需求，图书内容或印刷装订等问题，侵权、盗版书籍等线索，请拨打以下电话或关注官方服务号：
客服电话：400 898 7008
官方服务号：微信搜索并关注公众号"外研社官方服务号"
外研社购书网址：https://fltrp.tmall.com

物料号：279450001

记载人类文明
沟通世界文化
www.fltrp.com

出版说明

"外研社·HSK 课堂系列"是根据孔子学院总部 / 国家汉办 2015 版《HSK 考试大纲》编写的一套训练学生听、说、读、写各方面技能的综合性考试教材。

2009 年，国家汉办推出新汉语水平考试（简称新 HSK），在吸收原有 HSK 优点的基础上，借鉴国际语言测试研究的最新成果，提出"考教结合"的原则，为汉语学习者提供了新的汉语水平测试和学习平台。为帮助考生熟悉新 HSK 考试，有效掌握应试策略和备考方法，并真正提高汉语能力，外语教学与研究出版社推出了"外研社·新 HSK 课堂系列"，含综合教程、专项突破、词汇突破、全真模拟试卷等多个子系列产品。该系列自推出后受到广大读者的广泛好评，销量居同类图书前列，不少品种均多次重印。

2015 年，孔子学院总部 / 国家汉办对 2009 版大纲进行修订，根据主题式教学和任务型教学的理论及方法，增加了话题大纲、任务大纲，改进了语言点大纲，并细化了词汇大纲。针对 2015 版大纲的最新变化，并结合广大教师及考生对"外研社·新 HSK 课堂系列"提出的宝贵意见和建议，外研社组织具有丰富 HSK 教学及研究经验的专家、教师编写了这套全新的"外研社·HSK 课堂系列"。

"外研社·HSK 课堂系列"旨在帮助考生掌握 HSK 的考试特点、应试策略和应试技巧，培养考生在真实考试情境下的应对能力，进而真正提高考生的汉语语言能力。全套丛书既适用于课堂教学，又适用于自学备考，尤其适用于考前冲刺。

本系列包含如下产品：

- "21 天征服 HSK 教程" 系列
- "HSK 专项突破" 系列
- "HSK 词汇" 系列（含词汇突破、词汇宝典）
- "HSK通关：攻略·模拟·解析" 系列
- "HSK 全真模拟试题集" 系列

本系列具有如下主要特点：

全新的 HSK 训练材料

- 详细介绍 HSK 考试，全面收录考试题型，提供科学系统的应试方案和解题技巧。
- 根据最新 HSK 大纲，提供大量典型例题、专项强化训练和模拟试题。
- 对 HSK 全部考点进行详细讲解和答题技巧分析，帮助考生轻松获得高分。
- 所有练习均为模拟训练模式，让考生身临其境，提前备战。

全面、翔实的备考指导

- 再现真实课堂情境，帮助考生计划时间，针对考试中出现的重点和难点提供详细指导，逐步消除考生的紧张心理。
- 将汉语技能融合到考点中讲授，全面锻炼考生的汉语思维，有效提高考生在 HSK 考试中的应试能力。
- 提供多套完整的模拟试题和答案解析，供考生在学习完之后，根据自身情况进行定时和非定时测验。
- 试题训练和实境测试紧密结合，图书与录音光盘形成互动。所有听力试题在光盘中均有相应内容，提供的测试时间与真实考试完全一致，考生能及时了解自身水平。

我们衷心希望外研社的这套"HSK 课堂系列"能够为考生铺就一条 HSK 考试与学习的成功之路，同时为教师解除教学疑惑，共同迎接美好的未来。

目 录

第1周

星期一　主、谓、宾和方位名词　2

星期二　定语和代词　14

星期三　状语和动词　27

星期四　补语（一）和形容词　45

星期五　补语（二）和数词　58

第2周

第3周

前　言

　　书面表达是人们不可缺少的一项语言交际技能。随着汉语国际教育的发展和汉语学习者数量的不断增加，希望提高汉语写作能力的学生越来越多。在听、说、读、写四项语言技能教学中，人们往往对写作（书写）技能重视不够，写作课通常只在高年级开设，因而学生的书面表达能力往往严重滞后，影响了他们交际能力的继续提高。HSK 从三级开始加入了书写考试，这部分试题需要考生自己动笔书写，而非单纯地进行选择，可以全面考查考生的汉字书写、中文写作水平和语言综合素质，对汉语写作教学是一个促进。

　　语言能力和思维能力紧密相关，但又有所区别。HSK 三、四、五级考试在题型设计上关注对语言能力的考查，在此基础上进行的写作考试，根据学生的语言学习程度，分别采用组词成句、看图写句子、看图写短文的形式，循序渐进地考查学生的写作水平。

　　我们根据多年的教学经验以及 HSK 大纲的标准和要求编写了本书，为将要参加 HSK 五级考试的学生提供有针对性的系统的指导。本书一方面对大纲中出现的词语和语法点按照"词—句—段落—文章"的升级方式进行系统训练，引导学生逐步掌握写作技能，为冲刺六级以及将来的实际应用打下坚实的基础。另一方面，HSK 虽然抛弃了专门的语法结构测验，但将对语法的考查寓于对听、说、读、写的考查中，尤其是书写部分，如果没有坚实的语法基础，是很难写出通顺、准确、内容丰富的短文的，所以本书对学生写作能力的训练是以语法的系统讲解和训练为基础的。

　　本书的讲解全面解读 HSK 五级考试对书写和语法的考查要求，涵盖了 HSK 五级的常见语法考点及难点，练习题型及难度与真题一致，可以帮助学生轻松攻克 HSK 五级的书写部分。同时学生还可以将在本书写作训练中学到的语法知识运用到听力、阅读训练中去，提高听力水平及阅读速度，确保这两个部分答题的准确性，以全面征服 HSK 五级考试。

因此，本书既是一本 HSK 书写部分的专项训练教材，同时也是一本综合全面的 HSK 语法教材。希望本书能帮助广大考生顺利过关，也能给使用本书的汉语教师以启迪。

编者

2016 年 5 月

使用说明

　　本书设计用三周时间完成全书学习。每一天的学习都分成书写部分和语法部分。书写部分以考题实战的形式出现，包含两项内容：第一项是完成句子，选取的句型以当天学习的语法要点为主；第二项每周不同，由浅入深地进行阶段性训练。第二项分别是：第1周，看图，用所给词语写句子；第2周，用所给词语写短文；第3周，看图写短文。语法部分每天都包含一部分HSK大纲中要求掌握的语法重点，从词法和句法两个方面入手，有针对性、系统地指导学生进行学习。写作最基本的要求是把词语串联成句子，那么正确理解词语的含义和语法特点，了解句子的组成方式和词语在句中的作用是写作能力不可或缺的两个方面，所以我们采取词法、句法双管齐下的方式，在最短的时间内，用最快的速度，帮助学生了解、掌握HSK五级考试书写部分的重点。

第1周：

（1）写作部分

　　组词成句的训练。主要从词语、句子入手，帮助学生掌握正确的句子表达方式，形成根据不同句子的排列组合特点、不同词语的用法来组词成句的思维方式。本部分的练习包括完成句子、看图用词造句两种形式。

　　完成句子部分：每天10道实战例题，以当天语法部分所学的内容为主，进行系统训练；

　　看图用词造句部分：采用HSK四级书写考试题型，每天10幅精美图片，选择HSK五级要求掌握的词语，对学生进行造句训练，并扩充学生的词汇量，为下一步看图写短文打下基础。

（2）**语法部分**

句法：从主语、谓语、宾语入手，引导学生了解汉语句子的基本结构；引导学生了解如何使用定语、状语、补语对句子的主语、谓语、宾语进行修饰，加深句子含义，丰富句子内容。

词法：介绍常用方位名词、代词、动词、形容词和数词，讲解它们的基本用法、语法特点，对一些易错、易混淆的词语进行对比讲解、辨析。

第2周：

（1）**写作部分**

组句成文的训练。这一周进入根据所给词语写短文的训练。写作的主要目的不是简单地把词语串联起来，而是要表达自己的想法，实现一项交际功能，这就要求学生能独立表达一件事、一个内容。而根据所给词语进行表达，是独立表达的基础，只有能在理解词语意义的基础上，准确选择其他词语与之搭配，从而准确表达一个意义，进而才能独立自主地把学过的词语进行组合，准确地表达自己的想法，实现交际目的。HSK 五级书写试题第二部分第 1 题的要求是写 80 字左右的短文，所以我们这部分训练要求的短文字数也是 80 字左右。

完成句子部分：每天 10 道实战例题，以当天语法部分所学的内容为主，进行系统训练；

结合所给词语写短文部分：每天 2 篇短文，学生根据旁边的提示合理提出问题，发挥想象力，整理提出的问题，然后轻松完成 80 字左右的短文。

(2) **语法部分**

句法：引导学生了解汉语里的特殊句式，包括连动句、兼语句、存现句、"把"字句、"被"字句、比较句等，掌握这些句式的基本格式及使用时的注意事项；引导学生了解汉语中对动作状态，如动作的进行、持续、将行等的表达方式。

词法：介绍常用量词、数量词重叠、时间表示法以及部分副词，讲解它们的基本用法、语法特点，对一些易错、易混淆的词语进行对比讲解、辨析。

第3周：

(1) **写作部分**

看图写文的训练。这一周进入看图写短文的训练。给出一幅图，学生对图片的内容进行理解、想象，然后用自己的话表达出来，这就进入真正的作文阶段了，字数要求同样是80字左右。

完成句子部分：每天10道实战例题，以当天语法部分所学的内容为主，进行系统训练；

结合图片写短文部分：每天2篇短文，学生根据旁边的提示，发挥想象力，合理提出问题，整理提出的问题，然后轻松完成80字左右的短文。

(2) **语法部分**

句法：引导学生了解汉语中对动作状态，如动作的完成、经历等的表达方式；学习各种句类，包括陈述句、祈使句、疑问句、感叹句等；学习复句，指导学生掌握并列、递进、承接、选择、转折、让步、条件、因果、目的、假设等关系的复句。

词法：介绍各种副词、介词、象声词，讲解它们的基本用法、语法特点，对一些易错、易混淆的词语进行对比讲解、辨析。

本书每天的课堂学习部分建议根据学生水平，用2—3课时完成，课后复习、练习需要约1小时。每一天都是一个相对独立的模拟训练，经过21天的学习和训练，到考前，学生就相当于已经经历了15次模拟考试，那真正的考试对学生来说也就不再陌生了。

从周一到周五，每天的学习内容包括考点解析、考题实战、生词、复习与练习。考点解析主要从语法方面介绍句子结构、组句成文的基本知识，这些基本知识能帮助学生掌握句子和短文的写作方法；考题实战可以让学生了解HSK书写考试的题型特点；生词部分可以扩展学生的词汇量，帮助学生提高理解能力和写作水平。复习与练习可以让学生及时复习巩固当天学习的语法、写作知识，并不断检查自己对相关知识的掌握情况。

每周末都配有"知识点补充"和相应的练习。"知识点补充"可以让学习者更全面地了解汉语写作的知识和技巧，为下一步写长篇文章打下基础；练习题目可以让学生及时巩固学到的这些知识并加深理解。

本书的说明讲解使用的是老师上课时所用的真实生动的口语，虽然是汉语，却便于外国学生充分理解；所选例句简单明了，便于学生理解所学语法点，而不用担心句中会出现大量生词。同时本书的计划性很强，无论老师课堂教学还是学生自学都比较容易安排时间和学习进度。

本书在版式上的一大特色是采用折页设计，折页虚线将试题与答案分开。奇数页中的"⤵"是把右半部分向后折；偶数页中的"⤴"是把左半部分向前折。这样，展现在学生面前的只是试题，这种设计方便学生在自测时不受答案的干扰，真正测试出自己的水平。

通过学习本书，学生能够在短时间内提高汉语写作水平和HSK考试成绩，并提高汉语的综合能力，这是我们最大的心愿。

HSK（五级）介绍*

　　HSK（五级）考查考生的汉语应用能力，涉及体验感悟、文学艺术和自然等 9 大话题。涵盖租住房屋、制定旅行计划、人际交往等 12 个语言任务。它对应于《国际汉语能力标准》五级、《欧洲语言共同参考框架（CEFR）》C1 级。通过 HSK（五级）的考生能用汉语就比较抽象或专业的话题进行讨论、评价和发表看法、能较轻松地应对各种交际任务。

一、考试对象

　　HSK（五级）主要面向按每周 3—4 课时进度学习汉语两年以上，掌握相关话题、任务、语言点及 2500 个常用词语的考生。

二、考试结构

　　HSK（五级）共 100 题，分听力、阅读、书写三部分。全部考试约 125 分钟（含考生填写个人信息时间 5 分钟）。

考试内容		试题数量（个）		考试时间（分钟）
听力	第一部分	20	45	约 30
	第二部分	25		
填写答题卡（将听力部分的答案填涂到答题卡上）				5
阅读	第一部分	15	45	45
	第二部分	10		
	第三部分	20		
书写	第一部分	8	10	40
	第二部分	2		
共计	／	100		约 120

---

* 本介绍依据《HSK 考试大纲·五级》，孔子学院总部／国家汉办编制，人民教育出版社，2015 年 9 月第 1 版。

1. 听力

第一部分，共 20 题。每题听一次。每题会听到一个对话和一个问题，试卷上有四个选项，考生根据听到的内容选出答案。

第二部分，共 25 题。每题听一次。这部分试题是四到五句对话和一个问题，或一段话和两到三个问题，试卷上每题有四个选项，考生根据听到的内容选出答案。

2. 阅读

第一部分，共 15 题。这部分有四篇文字，每篇文字中有三到四处空白，空白处应填入一个词语或一个句子，每处空白有四个选项，考生要从中选出答案。

第二部分，共 10 题。每题有一段文字，考生要从四个选项中选出与这段文字内容一致的一项。

第三部分，共 20 题。有五篇文章，每篇文章有四个问题，考生要从每题四个选项中选出答案。

3. 书写

第一部分，共 8 题。每题有几个词语，考生要用这几个词语组成一个句子。

第二部分，共 2 题。第一题有五个词语，考生要用这五个词语写一篇八十字左右的短文；第二题有一张图片，考生要结合图片写一篇八十字左右的短文。

三、成绩报告

HSK（五级）成绩报告提供听力、阅读、书写和总分四个分数，满分 300 分。同时，报告还提供百分等级常模表，考生可以大体了解自己的成绩在全球考生中的位置。

第1周 > > > > >

学习重点：组词成句

同学们都已经学过一段时间的汉语了，从最开始的"你好""谢谢""我听不懂"，到现在能用简单的汉语和中国人对话，口语上已经有了很大进步了，而且也学会了不少汉字、生词了，但你们是否遇到过这样的问题：字也会读，词也会认，但是自己说的时候，却不知道怎样排列，往往说出话来"中国人听不懂，外国人弄不明白"，这就是我们汉语语法、写作知识欠缺的缘故了。HSK四、五级试题的书写部分考查的重点首先就是语序的问题，也可以说，掌握了汉语的语序，才可以谈到组织语言、表达意思。这样说，你们是不是觉得很复杂、很头疼呢？没关系，跟着老师一起学，三周以后，问题就可以迎刃而解！

第1周，我们先学习怎样把词语正确地组织成句子。

星期一

主、谓、宾和方位名词

　　文章是由很多句子构成的，而句子又是由词语构成的，准确理解词语意思，合理安排词语位置，才能写出好的句子、好的文章，今天我们就先来认识认识它们吧。

　　先来了解一下汉语句子的基本构成成分，那就是：主语、谓语、宾语、定语、状语、补语。

基本结构顺序：　　　　主语 + 谓语 + 宾语

　　　　例：学生　学习　文化。

定语修饰主语和宾语：（定语）主语 + 谓语 +（定语）宾语

　　　　例：（外国）学生　学习　（中国）文化。

状语修饰谓语：　　　　（定语）主语 + [状语]谓语 +（定语）宾语

　　　　例：（许多）（外国）学生 [都] 学习　（中国）文化。

补语补充说明谓语：　　（定语）主语 + [状语]谓语 <补语> +（定语）宾语

　　　　例：（许多）（外国）学生 [都] 喜欢 <上> 了（中国）文化。

考点解析

主、谓、宾的位置及方位词

一、主、谓、宾

　　主、谓、宾是什么？主语就是句子前边表示主要的人或事物的成分；谓语就是主语后边对主语进行述说的成分。一般的句子都是由这两个成分组成的。宾语是谓语动词的动作对象。

它们的顺序是这样的：

基本结构： 主语 ＋ 谓语　　　 主语 ＋ 谓语 ＋ 宾语

例： 张老师　　很热情。　　我们　　学习　　汉语。

主语： 张老师去阅览室。（名词主语表示人物）

前面有一个阅览室。（方位词主语表示方位）

谓语： 你的话缺乏说服力。（动词谓语）

张老师身体很好。（主谓短语做谓语）

今天星期一。（名词谓语）

宾语： 他们从事教育工作。（名词宾语）

气候原因导致农产品价格上涨。（主谓短语做宾语）

双宾语： 老师教我们 汉语。

我送妹妹 礼物。

宾语1（指人）＋宾语2（指物），宾语1和宾语2的位置不能交换。

例：老师教汉语我们。（×）

二、方位词

句子是由词语组成的，我们学习了句子的基本成分（主、谓、宾）之后，还要了解一下组成句子的词语。名词是汉语中数量最多的一类词语，积累这些名词要靠同学们平时的努力。这里重点给大家介绍一下名词中的方位词。

方位词是表示时间或空间的名词。

1. 在HSK考试中常见的方位词

单音节方位词：前、后、上、下、左、右、东、西、南、北、里、外、内、中、间、旁合成方位词：就是上面那些单音节方位词加上"边、面、头、以、之"等组成的方位词，如"后边、下面、里头、以内、之外"等。

2. 方位词的用法

1）"普通名词 + 方位词"表示处所。

例：桌子上、床下、宿舍里、新楼左边、图书馆旁边、两楼之间

2）"表示时间的名词 + 方位词"表示在某个时间以前或以后。

例：30 天以前、10 年之后、上课之前、下课之后

3）"数量词 + 方位词"表示比某个数多或者少。

例：20 以上、10 斤以下、30 公里以外、10 公里以内

3. 常用方位词

上

1）表示在物体表面。

例：路上、床上、地上

他的房间很乱，床上、地上到处都是衣物。

2）表示在某个范围以内或事物的某个方面。

例：课堂上、会上、世界上、实际上、基本上

这个孩子很懂事，学习上、生活上从来不用爸爸妈妈操心。

下

1）表示位置在低处。

例：桌子下、楼下、树下

楼下有很多孩子在玩耍。

2）表示一定的范围、情况或条件。

例：在……帮助下、在……教育下、在……培养下、在……影响下、在……条件下

在老师和同学的帮助下，他终于考上了理想的大学。

中

表示在某个范围内。

例：家中、心中、同学们中、印象中

阳光明媚，天空中飘着朵朵白云。

在同学们的印象中，他一直是一个品学兼优的学生。

上下

1）表示概数，多用于年龄（成年人）、重量等。

例：三十岁上下、二十斤上下

　　这个人个子不高，年龄在四十岁上下。

2）表示范围。

例：全国上下、全校上下、举国上下

　　听到奥运会要在本国举行的消息，全国上下一片欢腾。

前后

1）表示比某一时间稍早或稍晚，多用于节日、节气等名词前。

例：5点前后、春节前后、国庆前后、中秋前后、清明前后

　　中秋前后，是葡萄大量上市的时间。

2）表示抽象的方位。

例：他说的话前后矛盾。

　　写文章要前后照应。

3）表示从开始到结束的时间，也可说"前前后后"。

例：他写这本书前后用了12年的时间。

　　这项工程从动工到完成前前后后用了三年时间。

左右

1）表示大概的数量或时间。

例：三斤左右、两点左右、十天左右、三十岁左右

　　参加婚礼的人有200人左右。

2）表示抽象的方位。

例：这件事让他左右为难。

考题实战

一、完成句子。

1. 学习　在　一直　我们　联合大学　汉语

　　　　　　　　　　　　　　　　　　　　。

2. 前后　的　春节　很难　买到　火车票

　　　　　　　　　　　　　　　　　　　　。

3. 三十岁　现在　王老师　左右

　　　　　　　　　　　　　　　　　　　　。

4. 三公里　坐出租车　13块钱　以内
　　在北京

　　　　　　　　　　　　　　　　　　　　。

5. 放着　冰箱里　一瓶　牛奶　刚
　　买回来的

　　　　　　　　　　　　　　　　　　　　。

6. 有　河上　小桥　一座

　　　　　　　　　　　　　　　　　　　　。

7. 这条　十二　铁路　年　前前后后　修了

　　　　　　　　　　　　　　　　　　　　。

8. 这箱　二十　左右　斤　苹果　有

　　　　　　　　　　　　　　　　　　　　。

9. 我　老师　一个　了　问题　问　有趣的

　　　　　　　　　　　　　　　　　　　　。

10. 打太极拳　下课　我　以后　去　要

　　　　　　　　　　　　　　　　　　　　。

参考答案：

1. 我们一直在联合大学学习汉语。

2. 春节前后的火车票很难买到。

3. 王老师现在三十岁左右。／ 现在王老师三十岁左右。

4. 在北京坐出租车，三公里以内十三块钱。

5. 冰箱里放着一瓶刚买回来的牛奶。

6. 河上有一座小桥。

7. 这条铁路前前后后修了十二年。

8. 这箱苹果有二十斤左右。

9. 我问了老师一个有趣的问题。／ 老师问了我一个有趣的问题。

10. 下课以后我要去打太极拳。／ 我下课以后要去打太极拳。

请沿虚线折一下

二、看图，用词造句。

1. 不得了

_____

2. 宴会

_____

3. 草地上

_____

4. 傍晚

_____

5. 表情

_____

参考答案：

1. 男孩在雪地里玩儿，高兴得不
   得了。

2. 宴会上有很多人在跳舞。

3. 草地上开满了鲜艳的花朵。

4. 傍晚，她在打太极拳。

5. 照片上的人表情很自然。

6. 幸福

7. 铺

8. 安慰

9. 称赞

10. 地铁

6. 他们幸福地笑了。

7. 床上铺着一床被子。

8. 朋友正在安慰她，让她不要难过。

9. 她的演出获得了大家的称赞。

10. 她每天坐地铁上下班。

请沿虚线折一下

◆ 生词

冰箱	bīngxiāng（名）	fridge; refrigerator 냉장고 冷蔵庫
铁路	tiělù（名）	railway 철도 鉄道
修	xiū（动）	build 건설하다 建造する，敷設する
箱	xiāng（名）	box 상자 箱
有趣	yǒuqù（形）	interesting 흥미롭다 おもしろい
太极拳	tàijíquán（名）	tai chi chuan; Chinese shadow boxing 태극권 太極拳
不得了	bùdéliǎo	extremely 그지없다 ～でたまらない
宴会	yànhuì（名）	banquet 연회 宴会
鲜艳	xiānyàn（形）	bright-coloured 산뜻하다 あでやかである
花朵	huāduǒ（名）	flower 꽃 花（の総称）

傍晚	bàngwǎn（名）	dusk; nightfall 저녁 夕方
表情	biǎoqíng（名）	expression 표정 表情
自然	zìran（形）	natural 자연스럽다 自然で無理がない
幸福	xìngfú（形）	happy 행복하다 幸せである
铺	pū（动）	spread; unfold 깔다 敷く，広げる
被子	bèizi（名）	quilt 이불 掛け布団
安慰	ānwèi（动）	comfort; console 위로하다 慰める
称赞	chēngzàn（动）	praise 칭찬하다 ほめる
演出	yǎnchū（动）	perform 공연하다 上演する
地铁	dìtiě（名）	subway 지하철 地下鉄

复习与练习

一、填入合适的方位词。

上　中　下　里　以内　上下　左右　前后

1. 床（　　　）有两件衣服。

2. 阅览室（　　　）有二十几个学生。

3. 从山东威海到北京有 1000 公里（　　　）。

4. 这本书太厚了，一个星期（　　　）我看不完。

5. 天空（　　　）飘着朵朵白云。

6. 在同学们眼（　　　），他是个热情的人。

7. 这个会（　　　）开了四个多小时。

8. 在老师和同学们的帮助（　　　），他终于实现了自己的理想。

9. 看他也就三十岁（　　　）的年纪，怎么身体这么差啊。

10. 这种牛奶的保质期是三十天，三十天（　　　）必须喝完。

二、改错句。

1. 我最喜欢烤鸭吃，周末我们全聚德去吧。

_____

2. 玛丽唱歌教我们，我们都很高兴极了。

_____

3. 桌子上一本书放着，你看看吧。

_____

4. 同学们每天来学校上课按时，从来不旷课。

_____

5. 他得了冠军，脸上露出痛苦的表情。

_____

6. 春节上下，中国北方常常下雪。

_____

7. 妹妹过生日的时候，我一本书送给她。

_____

8. 他家有四个孩子，他具有一个哥哥和两个妹妹。

_____

9. 这次考试他 100 分得了，他高兴不得了。

_____

10. 这个周末我要旅行韩国。

_____

三、仿照例句，扩写句子。

例句：学生学习汉语。

留学生在教室里认真地学习汉语。

1. 我参加宴会。

_____

---

3. 桌子上放着一本书，你看看吧。

4. 同学们每天按时来学校上课，从来不旷课。

5. 他得了冠军，脸上露出幸福的表情。

6. 春节前后，中国北方常常下雪。

7. 妹妹过生日的时候，我送给她一本书。

8. 他家有四个孩子，他有一个哥哥和两个妹妹。

9. 这次考试他得了 100 分，他高兴得不得了。

10. 这个周末我要去韩国旅行。

参考答案：

1. 这个周末我要去参加大使馆举办的宴会。

请沿虚线折一下

2. 我打电话。

_____

3. 这本书有趣。

_____

4. 教室里热闹。

_____

5. 床上有衣服。

_____

6. 春节是节日。

_____

7. 我的愿望是睡觉。

_____

8. 孩子在玩儿。

_____

9. 他拿面包。

_____

10. 花儿开了。

_____

2. 我给在成都工作的朋友打了一个长途电话。

3. 我新买的这本漫画书真有趣。

4. 下课了，教室里一下子热闹起来。

5. 床上有几件他新买回来的衣服。

6. 春节是中国人最重要的传统节日。

7. 我最大的愿望就是能舒舒服服地睡上一个懒觉。

8. 一个七八岁的孩子在花园里玩儿。

9. 他从篮子里拿出了一块面包。

10. 窗台上的那盆花儿终于开了。

请沿虚线折一下

星 期 二

定语和代词

如果把"主谓宾"比喻成大树的枝干，那么"定状补"就是大树的绿叶和花朵了，只有枝干没有叶子和花的大树，既不美观，也不能正常生长繁衍。所以要应对 HSK 考试，不准确了解"定状补"的用法是不行的。那么我们就来学习怎么为我们的句子加上"花""叶"吧。今天我们要学的是定语。

词语部分呢，今天我们就一起来研究一下"代词"吧。

考点解析

定语的修饰作用、"的"、多项定语的顺序及代词

一、定语

今天我们一起来看句中修饰名词性词语的成分——定语，它在句中主要修饰名词性主语和宾语。基本结构是这样的：

（定语）主语 + 谓语 +（定语）宾语

在使用定语时我们应该注意哪些问题呢？

（一）定语的修饰作用

1.限定性定语，从数量、所属、处所、范围、时间等方面对名词加以限制。

例：他这学期选了（五门）课。 （限定数量）

（爸爸）的办公室在五层。 （限定所属）

（教室里）的同学都要到外面去。 （限定处所）

（全校）同学都参加了（这次）运动会。　　　　　（限定范围）

（今年）的地质灾害比较频繁。　　　　　　　　　（限定时间）

2.描写性定语，从性质、状态等方面对名词加以修饰、描写。

例：这只（木）箱子里装的全是书。　　　　　　　（描写性质）

（重要）文件必须及时送达，不能耽误。　　　　　（描写性质）

突然，一个（胖乎乎）的小孩出现在我面前。　　　（描写状态）

（绿油油）的草地上，几只小鸭子在散步。　　　　（描写状态）

（二）定语和"的"的搭配

"的"是定语的标志性助词，常常出现在定语之后、中心语之前，但它的使用也受到一些限制。

1.名词做定语：表示领属、时间、处所关系的用"的"，表示性质的不用"的"。

例：朋友的书、今天的报纸、左边的座位

中国人、英语老师

2.代词做定语：表示领属、处所的一般用"的"，但中心语是亲属、国家、工作单位的名称时一般不用"的"。

例：你的本子、这儿的习俗

我妈妈、我们公司

3.形容词做定语：双音节的用"的"，单音节的不用"的"。

例：晴朗的天、干净的衣服、美丽的花园

红花、新衣服、好人

4.动词及各类词组做定语：一般都要用"的"。

例：写的字、五点开的火车、朝南的窗户、刚做好的蛋糕

（三）多项定语的顺序

句子中的定语常常不止一个，可能会有几个定语同时修饰一个名词性词语，那么这些定语该按什么顺序排列呢？随便站、不排队可是不行的。

一般是限定性定语在前，数量词组在中间，描写性定语在后。具体来说，多项定语的顺序一般是：

1.表示领属的名词、代词、词组

2.表示时间、处所的词

3. 指示代词或数量词

4. 动词性词语或主谓短语、介词短语

5. 带"的"的形容词性词语

6. 不带"的"的形容词或表性质的名词、动词

请看例句：

例：她买了（一条）（产自内蒙古的）（绿色）（羊毛）围巾。

　　　　　　　3　　　　　4　　　　　6　　　　6

大连是（辽宁省）（一个）（很美丽的）（旅游）城市。

　　　　　1　　　3　　　　5　　　　6

（小时候）（妈妈讲的）（那些）（美丽动人的）故事我还记得。

　　2　　　　4　　　　3　　　　5

二、代词

代词是具有代替、指示作用的词，包括人称代词、指示代词和疑问代词。

（一）人称代词

1. 包括"你、我、他、她、它、你们、我们、他们、咱们、自己、大家、人家"等。

2. "我们、咱们"的用法

　　1）"我们、咱们"可包括说话人和听话人双方。

　　例：下雨了，咱们（我们）快点儿走吧。（说话人和听话人双方）

　　2）"我们"也可仅指说话人一方。

　　例：谢谢你们的热情招待，我们（咱们 ×）这就告辞了。（说话人一方）

3. "人家"的用法

　　1）指"别人、旁人"，泛指说话人和听话人以外的人。

　　例：我听人家说你打算去西安旅游是吗？

　　2）指"我、自己"。

　　例：我这么喜欢你，你怎么不明白人家的一片心意呢？

　　3）指"他"。

　　例：你看人家小李学习多用功啊！

（二）指示代词

1. 指示人、事物的代词

　　1）"这、那"表示确指。

　　　　例：这（那）是我们学校新建的教学楼。

　　　　　　这位同学是二年级一班的。

　　2）"这儿、这里、那儿、那里"，可用在名词后边表示处所。

　　　　例：下午我要去李老师那儿一趟。（李老师在的地方）

　　　　　　把东西放在我这里吧。（我在的地方）

　　3）"这时、那时、这会儿、那会儿"，表示时间远近，"这时、这会儿"是近指，"那时、那会儿"是远指。

　　　　例：这时，一个声音传了过来。（近指）

　　　　　　我去年二月来中国，那时一句汉语也不会说。（远指）

2. 指示程度、方式、性质状态的代词

　　1）"这么、那么、这（么）样、那（么）样"＋动／形，表示程度、方式。

　　　　例：你这么关心我，我太感动了。

　　　　　　问题没那么严重。

　　　　　　他经常这样发脾气。

　　　　　　她的舞跳得那样好，大家都忍不住赞叹。

　　2）"这么、那么"用在数量词语前边，表示数量多或少。

　　　　例：这么点儿（表示少）、这么一大堆（表示多）

　　　　　　就这么几个人，什么时候才能把工作做完？（表示少）

　　3）"这样、那样"表性质、状态，直接修饰名词时，名词前要加"的"。

　　　　例：他不是那样的人。

　　　　　　这样的事情已经发生好几次了。

3. "各"的用法

　　1）可以带某些量词。

　　　　例：各位同学、各项工作、各门功课

　　　　　　各位参加运动会的同学，请按顺序入场。

2）可以带名词。

例：各地、各市、各单位、各家

奥运会上有来自世界各国的运动员。

4.“每”的用法

1）“每+数量词”，常和“都”搭配。数词是“一”的时候，常常省去。

例：每人、每年、每个、每次、每两天

这个饭馆里的每道菜我都很喜欢吃。

他每年都要回一次故乡。

每两个星期进行一次小测验。

2）“每当……的时候”，表示一种规律。

例：每当下雨的时候，我就会想起那一天。

（三）疑问代词的特殊用法

1.表示任指，用“疑问代词+都/也……”的句型。

例：这次活动谁都不感兴趣。

无论什么意见，我都接受。

2.表示不确指，用“谁……谁……、什么……什么……”等句型。

例：谁想去参观，谁就可以报名。

你想吃什么我们就去吃什么。

3.表示虚指，指代不知道、说不出或不需明确说明的人或事物。

例：我好像在哪儿见过那个人。

什么时候咱们聚在一起热闹热闹。

4.表示反问，否定的句子强调的是肯定的意思，肯定的句子强调的是否定的意思。

例：我怎么能不去呢？（我一定会去）

哭什么？又不是什么了不起的大事。（不该哭）

5.“没什么、不怎么”表示没有或不值得做，有缓和语气的作用。

例：没什么好看的，走吧。

这本书不怎么好看，别买了。

考题实战

一、完成句子。

1. 我　买了　裙子　一条　真丝　蓝色

_____。

2. 最多的　是　中国　国家　世界上　人口

_____。

3. 旅游　杭州　美丽的　是　一个　城市

_____。

4. 弟弟　穿着　旧　那件　衬衣
去年穿过的

_____。

5. 城墙　一座　这是　有600多年历史的
明代

_____。

6. 民间故事　那个　古代　老师讲的
真是感人

_____。

7. 工人　我见到了　作家　那位
写过小说的

_____。

8. 地质学家　发掘出　瓷器　了　一批　古代

_____。

9. 进行　这些　运动员　五个项目的训练
要

_____。

10. 这个学期的　请你　去三楼　交　住宿费

_____。

参考答案：

1. 我买了一条蓝色真丝裙子。

2. 中国是世界上人口最多的国家。/
世界上人口最多的国家是中国。

3. 杭州是一个美丽的旅游城市。

4. 弟弟穿着去年穿过的那件旧衬衣。

5. 这是一座有600多年历史的明代
城墙。

6. 老师讲的那个古代民间故事真是
感人。

7. 我见到了那位写过小说的工人
作家。

8. 地质学家发掘出了一批古代瓷器。

9. 这些运动员要进行五个项目的
训练。

10. 请你去三楼交这个学期的住宿费。

请沿虚线折一下

二、看图，用词造句。

1. 劳动

2. 深刻

3. 故乡

4. 吹

5. 姑娘

参考答案：

1. 工人们每天都在辛勤地劳动着。

2. 李老师的课给我留下了深刻的印象。

3. 我的故乡是北京，那里有八达岭长城。

4. 小伙伴们在一起吹蜡烛。

5. 照片中的姑娘长得真漂亮！

请沿虚线折一下

6. 善于

6. 他是一个善于思考的人，总是有很多好主意。

7. 严肃

7. 他的表情很严肃。

8. 古典

8. 屋子里的家具很有古典美。

9. 观察

9. 小女孩在认真地观察植物。

10. 告诉

10. 妹妹告诉姐姐一个秘密。

◆ 生词

真丝	zhēnsī（名）	real silk 실크 シルク
人口	rénkǒu（名）	population 인구 人口
杭州	Hángzhōu（名）	Hangzhou [capital city of Zhejiang Province] 항저우 杭州（浙江省の省都）
城墙	chéngqiáng（名）	city wall 성벽 城壁
明代	Míngdài（名）	Ming Dynasty 명나라 明（中国の王朝名，1368—1644年）
民间	mínjiān（名）	folk 민간 民間
感人	gǎnrén（形）	touching; moving 감동적이다 感動させる，感動的である
地质学	dìzhìxué（名）	geology 지질학 地質学
发掘	fājué（动）	excavate; unearth 발굴하다 発掘する
瓷器	cíqì（名）	chinaware 도자기 磁器
训练	xùnliàn（动）	train 훈련하다 訓練する
住宿	zhùsù（动）	get accommodation 숙박하다 泊まる

劳动	láodòng（动）	work; do physical labour 일하다, 육체노동 働く，肉体労働をする
辛勤	xīnqín（形）	hardworking 부지런하다 勤勉である
深刻	shēnkè（形）	deep; profound 깊다, 심각하다 深刻である，深い
故乡	gùxiāng（名）	hometown 고향 ふるさと
八达岭	Bādálǐng（名）	Badaling 팔달령 八達嶺（北京市西北居庸関外にある山の名，万里の長城の観光地）
吹	chuī（动）	blow 불다 吹く
伙伴	huǒbàn（名）	fellow 친구 仲間
蜡烛	làzhú（名）	candle 촛불 ろうそく
姑娘	gūniang（名）	girl 아가씨 娘，女の子
善于	shànyú（动）	be good at 잘하다 ～が上手である
严肃	yánsù（形）	(of expression, atmosphere) serious 엄숙하다 厳粛である，まじめである
古典	gǔdiǎn（形）	classical 고전적이다 古典，クラシック
观察	guānchá（动）	observe 관찰하다 観察する
植物	zhíwù（名）	plant 식물 植物

复习与练习

一、选择适当的词语填空。

这 自己 人家 我 你 那儿

1. (   ) 王师傅一向守时，从不迟到。

2. 他努力学习的精神深深感动了 (   )。

3. (   ) 怎么想我不管，(   ) 只知道我应该怎么做。

4. (   ) 台洗衣机是全自动的，可以 (   ) 漂洗，(   ) 进水排水，(   ) 甩干并停机。

5. 来，帮 (   ) 把 (   ) 桌子搬到书柜 (   )。

那么 这么 怎么 怎样 什么

6. 这里不像南方有 (   ) 多的降雨。

7. 女儿 (   ) 爱好文学，让她去读中文系吧。

8. 你 (   ) 了？肚子疼吗？

9. 这么重的石头，那时是 (   ) 运上山的呢？

10. 你喜欢 (   ) 玩具，告诉我，我给你买。

参考答案：

1.（人家）王师傅一向守时，从不迟到。

2. 他努力学习的精神深深感动了（我）。

3.（你）怎么想我不管，（我）只知道我应该怎么做。

4.（这）台洗衣机是全自动的，可以（自己）漂洗,（自己）进水排水,（自己）甩干并停机。

5. 来，帮（我）把（这）桌子搬到书柜（那儿）。

6. 这里不像南方有(那么)多的降雨。

7. 女儿（这么、那么）爱好文学，让她去读中文系吧。

8. 你（怎么）了？肚子疼吗？

9. 这么重的石头，那时是（怎样、怎么）运上山的呢？

10. 你喜欢（什么）玩具，告诉我，我给你买。

二、改错句。

1. 我难道不知道这是什么回事？

_____

参考答案：

1. 我难道不知道这是怎么回事？

请沿虚线折一下

2. 他平时不怎样爱说笑。

_____

3. 前几天来看我的这位朋友是我在中国认识的。

_____

4. 这两盆花是从张老师搬来的。

_____

5. 我学习的成绩不太好。

_____

6. 对大部分人来说，旅游是有趣一件事。

_____

7. 我有一本的中文的书。

_____

8. 这是一张从画报上剪下来彩色照片。

_____

9. 他一位是有三十年教龄的老教师。

_____

10. 中国是一个有着悠久历史灿烂文化国家。

_____

2. 他平时不怎么爱说笑。

3. 前几天来看我的那位朋友是我在中国认识的。

4. 这两盆花是从张老师那儿搬来的。

5. 我的学习成绩不太好。

6. 对大部分人来说，旅游是一件有趣的事。

7. 我有一本中文书。

8. 这是一张从画报上剪下来的彩色照片。

9. 他是一位有三十年教龄的老教师。

10. 中国是一个有着悠久历史和灿烂文化的国家。

三、仿照例句，缩写句子。

例句：街边的公园里有一个老人坐在长椅上休息。

　　　公园里有一个老人。

1. 学校附近的商店里在减价卖一些日常生活用的东西。

_____

参考答案：

1. 商店里在卖东西。

2. 一辆银灰色的小汽车在宽阔的马路上飞快地开着。

_____

3. 一些学生在教室里叽叽喳喳地讨论着关于春游的问题。

_____

4. 桌子上放着一本刚买回来的杂志。

_____

5. 姐姐穿着一件朋友送给她的绿色连衣裙。

_____

6. 王府井是北京最繁华的街道之一。

_____

7. 我对这次逃课去看比赛感到非常后悔。

_____

8. 奥运会增进了世界各国人民的相互了解。

_____

9. 他们每两个星期进行一次小测验。

_____

10. 改革开放对中国经济发展起了很大的促进作用。

_____

2. 汽车开着。

3. 学生讨论问题。

4. 桌子上放着杂志。

5. 姐姐穿着连衣裙。

6. 王府井是街道。

7. 我感到后悔。

8. 奥运会增进了解。

9. 他们进行测验。

10. 改革开放起作用。

请沿虚线折一下

星 期 三

状语和动词

　　名词性的主语和宾语经过定语的修饰，丰富了不少，句中最重要的谓语部分当然也不能落后。今天我们要学习的就是谓语的修饰语——状语。

　　词语部分，今天我们要介绍动词的语法特点以及一些特殊动词。

考点解析

状语的修饰作用、状语的位置、"地"、多项状语的顺序及动词

一、状语

　　状语是用来修饰动词、形容词的，在句中是谓语部分的修饰成分。状语和定语一样，作用也是限定与描写。基本结构是这样的：

　　（定语）主语 +［状语］谓语 +（定语）宾语

　　在使用状语时我们应该注意哪些问题呢？

（一）状语的修饰作用

1.限定性状语，从处所、时间、对象、程度、目的、范围等方面对谓语加以限定。

　　例：他［在电影院］看电影。　　　　　　　　（限定处所）

　　　　我们［每天8点10分］上课。　　　　　　（限定时间）

　　　　老师们［对学生］［非常］热情。　　　　　（限定对象、程度）

　　　　［为了学习汉语］，他们不远万里来到中国。（限定目的）

　　　　孩子们［都］来了。　　　　　　　　　　（限定范围）

2. 描写性状语，对动作或动作者的情况加以修饰描写，通常由形容词充当。

例：大家把教室［彻底］打扫了一遍。　　　　　　（描写动作）

天色［渐渐］地暗了下来。　　　　　　　　　（描写动作）

孩子们［目不转睛］地盯着老师。　　　　　　（描写动作者）

她［幸福］地和王子生活在一起。　　　　　　（描写动作者）

（二）状语的位置

可以充当状语的词语很多，不同类型的状语在句中的位置不太一样，常见的有：

1. 在主语后。描写性和部分限定性状语位于主语后。

例：他［默默］地擦干了泪水。

你们［把行李］放在屋里吧。

2. 在主语前。时间名词以及由"关于、至于"构成的介词短语位于主语前。

例：［傍晚］，太阳落山了，天气凉快了下来。

［关于这个问题］，我还没考虑好。

［至于具体怎么做］，我还没想好。

3. 在主语前后都可以。"忽然、突然、一时、的确"等词语，以及一些表示处所的状语，
位于主语前后都可以。

例：［的确］，他［这样］想过。　　他［的确］［这样］想过。

［在那儿］，他生活得很愉快。　　他［在那儿］生活得很愉快。

（三）状语与"地"

状语的标志性助词是"地"，"地"常常出现在状语和谓语之间，但它的使用同样
有一些限制。

1. 一些副词、时间名词、介词词组做限定性状语时，一般不用"地"。

例：我们得［马上］采取有效措施。

我们［在校园里］散步。

2. 一些多音节形容词、各种词组做描写性状语时，描写动作者时，通常加"地"；但有
一些描写动作、变化的，强调的时候用"地"，不强调时可以不用；单音节形容词做
状语时一般不用"地"。

例：她［高兴］地笑了。

　　她［打扮得漂漂亮亮］地出去了。

　　他又把信［仔细］（地）看了一遍。

　　姐姐［慢］走。

（四）多项状语的顺序

　　状语也常常几个一起出现在句子中，虽然它们的顺序比较灵活，但也有一定的规律哟！状语的顺序一般是：

1.表示时间的状语

2.表示语气、关联、频率、范围等的状语

3.表示处所的状语

4.描写动作者的状语

5.表示空间、方向、路线的状语

6.表示目的、依据、对象等的状语

7.描写动作的状语

　　请看例句：

　　例：［整整一个下午］，他［都］［在实验室里］［紧张地］工作 着。
　　　　　　　1　　　　　2　　　3　　　　7

　　　　我［激动地］［从盒子里］［把礼物］拿 了出来。
　　　　　4　　　　5　　　　6

　　　　你［给我们］［详细］介绍 一下。
　　　　　6　　　7

二、动词

（一）动词的分类

　　动词可分为以下几类。

　　表示动作行为，如：吃、听、看、读、学习、研究

　　表示心理活动，如：爱、想、喜欢、恨

　　表示存在、变化、消失，如：有、在、开始、发展、变化、消失

表示判断，如：是

能愿动词，如：能、会、可以、应该

表示趋向，如：来、去、上、进、下去、起来

（二）动词的语法特点

1. 动词在句中主要做谓语，可以受副词修饰。部分心理活动动词和能愿动词可以受程度副词修饰。

例：我很喜欢他。

我非常愿意接受你的建议。

2. 多数动词后可带"着、了、过"，表示动作的状态。

例：听着歌、看了一本书、去过长城

3. 多数动词可以带宾语。

例：看电影、吃烤鸭

4. 否定用"不、没"。

例：不听、没学习

5. 可以用肯定、否定并列来表示疑问。

例：在不在、吃不吃

6. 离合动词中间可加入"了"、"过"、形容词或数量短语等成分。

例：见了面、结过婚、睡大觉、游一次泳

7. 有些动词不能带宾语。

例：着想、休息、毕业、出发、送行、生活、前进、失败、旅游

8. 有些动词只能带谓词性宾语。

例：开始、进行、主张、希望、打算、觉得、以为、认为

（三）动词重叠

1. 方式：

AA、 A 了 A、 A 一 A、 ABAB、 AB 了 AB

AA 方式，第二个动词一般读轻声。

例：看看、听了听、想一想、休息休息、锻炼了锻炼

2. 意义：

　　1)"A 了 A""AB 了 AB"用于已发生的动作，一般表示短时的意义。

　　例：这道菜我尝了尝，味道不错。

　　　　医生看了看他的嗓子，又听了听他的肺部，说："你感冒了！"

　　2) 动词重叠常表示"尝试"，后边经常加"看"。

　　例：这道菜味道不错，你试试看。

　　　　听说这个音乐会不错，我们去听听看吧。

　　3) 在祈使句中，有缓和语气的作用。

　　例：忙了半天了，您休息休息吧！

　　　　我的笔呢？快帮我找找！

　　4) 几个动词分别重叠后放在一起，表示列举，有轻松、随便的语气。

　　例：周末的时候，我一般看看书、洗洗衣服什么的。

　　　　跑跑步、打打球都是不错的运动休闲方式。

3. 使用限制：

　　1) 动词重叠一般只用于口语，公文等正式文体中一般不重叠。

　　例：敬请领导检查工作。（检查检查 ×）

　　2) 表示动作正在进行，同时进行两个或两个以上动作，或动词后有"着、过"时，动词不能重叠。

　　例：我正在休息，他来了。

　　　　他一边唱歌一边跳舞。

　　　　我读过很多古典小说。

　　3) 做修饰、限制语的动词不能重叠。

　　例：刚才看的那部电影挺有意思的。

　　4) 动词有补语时不能重叠。

　　例：我等了他半个小时。

　　　　作业做完了。

（四）特殊动词谓语句

1.“是”字句

    1）表示事物等于什么，主语和宾语可以互换。

    例：十月一日是中国的国庆节。   中国的国庆节是十月一日。

        他来中国的目的是学习汉语。   学习汉语是他来中国的目的。

    2）表示判断，主语和宾语不能互换。

    例：春节是中国的传统节日。

        杭州西湖是著名的旅游景点。

    3）表示存在，主语是处所名词，主语和宾语不能互换。

    例：公园里到处都是人。

        图书馆旁边是一个小树林。

    4）“是”后面不能加“着、了、过”等动态助词，句尾可用语气助词“了”表示某种情况发生变化。

    例：这辆汽车以前是他的。

        把钥匙拿去吧，这间屋子以后是你的了。

    5）“是”否定用“不”；问句用“是……吗？”、“是不是……？”。

    例：我说的那个人不是他。

        你是中国人吗？   你是不是学生？

    6）“是”加“的”构成“是……的”词组，表示判断。

    例：这些书都是图书馆的。

        你说的是对的。

2.“在”字句

    1）“在”字句表示存在，常用结构“名词（人或事物）＋在＋处所词语”。

    例：他在图书馆。

        餐厅在一楼。

        词典在书柜里。

        大门在东边。

2）"在"后边不能加"着、了、过"。如果要加时间词，时间词要放在前面。

例：昨天上午，我在宿舍休息。

他刚才还在这儿呢。

3）"在"字句的否定一般用"不"；可变的人或事物根据情况可用"没"。

例：图书馆不在这儿，在这座楼后边。 今天下午我不在家。

他没在这儿，可能去了办公室。

3．"有"字句

1）表示存在，常用结构"处所、时间词语 ＋ 有 ＋ 名词性词语"。

例：教室里有很多学生。

现在离考试结束还有 15 分钟。

2）表示领有、具有，常用结构"名词性词语（多是有生命的）＋ 有 ＋ 名词性词语"。

例：人人都有两只手。

我们都有属于自己的秘密。

3）"有＋了"，表示变化。

例：最近，他的汉语有了明显进步。

她又有了一个新男朋友。

4）"有＋过"，表示曾经具有。

例：他有过出国的机会，可他放弃了。

她从来没有过那种想法。

5）"有"一般不受程度副词修饰。但当宾语表示的是主语的属性且为抽象名词时，"有"可以受程度副词修饰。

例：这个青年非常有头脑。

小王颇有领导才能。

6）"有"字句的否定用"没"；问句用"有……吗？"、"有没有……？"。

例：他没有女朋友。

你有中国朋友吗？ 你有没有中国朋友？

（五）能愿动词

能愿动词可分为三类。

表示愿望的，如：要、想、愿、愿意、情愿、肯、敢

表示可能的，如：可能、能、能够、可以、可、会

表示必要的，如：应该、应、应当、该、得（děi）、要

1. 能愿动词的主要用法

1）能愿动词一般放在动词（短语）、形容词（短语）或主谓短语前面，与它们共同构成谓语部分。

在答话中，大多数能愿动词可以单独做谓语。

例：这里的水果不会很贵。

我可以帮你复习功课。

——你愿意嫁给我吗？ ——愿意！

2）多数能愿动词前面可以用"也、一定、不"等副词修饰，问句可以用正反疑问句的形式。

例：我吃米饭也可以，吃面条也可以。

这件事我应（应该）不应该告诉他呢？

3）能愿动词不能重叠，后面不能直接带"着、了、过"等动态助词。

例：你应该应该早点儿去。（×）

你能了看懂英文吗？ （×）

4）能愿动词要放在"把、被"等介词短语和描写性状语的前面。

例：我们应该把这个问题仔细考虑一下。

买东西的时候，你要好好挑一挑。

5）在同一个句子里，能愿动词放在不同位置，表示的意思不同。

例：你能这个周末来吗？ （强调这个周末）

你这个周末能来吗？ （强调能不能来）

2. 常用能愿动词

会、能、可以

1）表示主观意愿，用"会"。

例：你放心，明天我会准时来的。

我不会同意你这么做的。

2）表示"有可能"时的估计，一般用"会、能"。

例：——下雨了，他会（能）来吗？ ——我觉得他会（能）来。

3）表示通过学习掌握了某种技能，多用"会"，也可用"能"。

例：我会（能）说一点儿韩语。

　　——他会开车吗？——会！

4）表示善于做某事，可用"能……善……、能……会……、能……能……"等结构。

例：她多才多艺，能歌善舞。

　　他高中毕业，能写会算。

　　他是一个能文能武的人才。

5）表示具有某种能力，能达到某种程度，或原有能力恢复，多用"能"。

例：他一次能喝10瓶啤酒。

　　他病好了，又能游泳了。

6）表示客观条件下或情理上可以做，肯定句中多用"能、可以"，否定句中一般用"能"。

例：雨后人们常常能看到彩虹。

　　我明天可以再来一次。

　　他喝酒了，不能开车。

7）表示具有某种用途，用"能、可以"。

例：欣赏音乐可以（能）缓解人们的紧张情绪。

8）表示值得，用"可以"。

例：这部电影挺好的，你可以去看看。

9）"可以"可用在"得（de）"后面，表示程度高或"还好"的意思。

例：这两天天气冷得可以。（表示程度高）

　　他考得还可以。（表示"还好"的意思）

该、应该、得（děi）

1）表示情理上应该如此，用"该、应该、得"。"得"多用在口语中，语气比"该、应该"更肯定，常说"可得"。

例：你已经长大了，该（应该、得）多帮妈妈做点儿事了。

　　他是个骗子，你可得小心点儿。

2）表示对情况的一种估计，多用"该、应该"。

例：这是新买的手机，该（应该）不会坏的。

3）"得"表示估计、推测时，语气比"该、会"更肯定，常说"准得、早晚得"等。

例：你开这样的玩笑，她准得生气。

4）用于假设句的后一小句、表示推测时，用"该"。

例：如果你再不回家，爸爸妈妈该多着急啊！

5）表示按照一定顺序轮到某一个了，用"该"。

例：我们都发过言了，该你了。

6）"应该"还可用在"是……的"结构中，表示情理、道理上应该如此。

例：你这么做是应该的。

要、想

1）"要"和"想"做能愿动词时，都表示一种主观愿望，否定时都用"不想"。

例：我要回老家看看。　　我很想看这部电影。

我不想回老家。　　我不想看这部电影。

2）"要"做能愿动词时，有时候的意思是"应该"，表示一种希望和提醒。

例：向别人道歉的时候态度一定要诚恳。

领导干部要和群众打成一片。

3）"要"除做能愿动词外，还可做一般动词，表示"需要、希望得到"等意思。

例：这套西服要 900 元。

我要一瓶啤酒。

4）"要"还可以做连词，意思是"如果"。

例：周末要有事，就打我的手机。

你在上海要见到他，就代我向他问好。

5）"要"做能愿动词，还可表示情况即将发生，意思是"就要、快要"。

例：我们要回国了，真舍不得啊！

台风要来了，请市民们注意。

6）"要"做能愿动词，还可以用于"比"字句，表示一种看法、估计。

例：坐飞机比坐火车要快得多。

7）"想"还可以做心理活动动词，表示"思考、回忆、估计、打算、想念"等。

例：不要着急，要想好了再说。（思考）

想起从前，他不由得流下了眼泪。（回忆）

考题实战

一、完成句子。

1. 早早地　妈妈　准备好了　就　饭菜
   一桌

   _____。

2. 收购价格　国家　提高了　有计划地
   农副产品的

   _____。

3. 的确　他　是　一个　人　很有智慧的

   _____。

4. 老师　热情地　总是　辅导　学习汉语
   我们

   _____。

5. 在一个宿舍　我们　以前　一起　三年
   住了

   _____。

6. 旅游了　小李　去国外　这段时间

   _____。

7. 老师　做实验　正在　学生　实验室
   教

   _____。

8. 也　他们　都　不喜欢　游戏　这种

   _____。

9. 了　一会儿　我们　一起　昨天　聊天

   _____。

10. 周末　转转　我们　去　赛马场　想

    _____。

参考答案：

1. 妈妈早早地就准备好了一桌饭菜。

2. 国家有计划地提高了农副产品的
   收购价格。

3. 他的确是一个很有智慧的人。

4. 老师总是热情地辅导我们学习汉语。

5. 我们以前在一个宿舍一起住了三年。/
   以前我们在一个宿舍一起住了三年。

6. 小李这段时间去国外旅游了。/
   这段时间小李去国外旅游了。

7. 老师正在实验室教学生做实验。

8. 他们也都不喜欢这种游戏。

9. 昨天我们一起聊了一会儿天。/
   我们昨天一起聊了一会儿天。

10. 周末我们想去赛马场转转。/我
    们想周末去赛马场转转。/我们
    周末想去赛马场转转。

请沿虚线折一下

二、看图，用词造句。

1. 朋友

_____

2. 时尚

_____

3. 故事

_____

4. 葡萄

_____

5. 快

_____

请沿虚线折一下

6. 身材

6. 为了身材更好，她天天运动。

7. 双

7. 我买了一双漂亮的鞋子。

8. 沙发

8. 客厅里的沙发舒服极了。

9. 可爱

9. 你看，多么可爱的大熊猫啊！

10. 打架

10. 她们两个在打架，表情很难看。

请沿虚线折一下

◆ 生词

收购	shōugòu（动）	purchase 매입하다 買い上げる，調達する
价格	jiàgé（名）	price 가격 価格
提高	tígāo（动）	improve; raise 제고하다，향상시키다 高める，上げる
农副产品	nóng-fù chǎnpǐn	agricultural and sideline products 농산물과 부업 생산물 農産物と副産物
的确	díquè（副）	indeed; really 확실히 確かに
智慧	zhìhuì（名）	wisdom; intelligence 지혜 知恵
辅导	fǔdǎo（动）	coach; tutor 지도하다，가르치다 指導する，補習する
宿舍	sùshè（名）	dormitory 기숙사 寮, 宿舍
实验	shíyàn（名）	experiment 실험 実験
实验室	shíyànshì（名）	laboratory 실험실 実験室
聊天	liáotiān（动）	chat 채팅，이야기를 나누다 世間話をする

转 zhuàn （动）	stroll; take a leisurely walk 구경하다 回る，散歩する
时尚 shíshàng （形）	fashionable 패셔너블하다 時代の流行，はやる
古老 gǔlǎo （形）	ancient; age-old 오래되다 古い
葡萄 pútao （名）	grape 포도 ぶどう
熟 shú （形）	ripe 익다 熟する
滑冰 huábīng （动）	skate on ice 스케이팅 スケートをする
速度 sùdù （名）	speed; velocity 속도 スピード
身材 shēncái （名）	stature; figure 몸매 体つき，スタイル
沙发 shāfā （名）	sofa; settee 소파 ソファー
熊猫 xióngmāo （名）	panda 판다 パンダ
打架 dǎjià （动）	exchange blows; fight 싸우다, 다투다 けんかする

复习与练习

一、选择填空。

（一）选择适当的词语填空。

是　　在　　有

1. 这座立交桥（　　）三层。
2. 他不（　　）一个坚强的人。
3. 我没（　　）机会去上海了。
4. 小兰（　　）院子里。
5. 他（　　）访华代表团的团长。

（二）请选择动词重叠所代表的意义。

A 短时　B 尝试　C 缓和语气
D 表示轻松、随便的语气

1. 桌子上太乱了，你帮我整理整理吧。

（　　）
2. 他笑了笑说："没关系！"　　（　　）
3. 晚上，听听音乐，聊聊天，挺有意思的。

（　　）
4. 我想请您给我看看这篇文章。（　　）
5. 这菜是我自己做的，你尝尝看。（　　）

二、改错句。

1. 你最好听听清楚了再回答。

_____

2. 这个周末，我们要进行一个舞会。

_____

参考答案：

1. 这座立交桥（有）三层。
2. 他不（是）一个坚强的人。
3. 我没（有）机会去上海了。
4. 小兰（在）院子里。
5. 他（是）访华代表团的团长。

1. 桌子上太乱了，你帮我整理整理吧。（C）
2. 他笑了笑说："没关系！"（A）
3. 晚上，听听音乐，聊聊天，挺有意思的。（D）
4. 我想请您给我看看这篇文章。（C）
5. 这菜是我自己做的，你尝尝看。（B）

参考答案：

1. 你最好听清楚了再回答。

2. 这个周末，我们要举行一个舞会。

请沿虚线折一下

3. 他一边哭哭，一边说说。

_____

4. 在中国，我旅游过很多地方。

_____

5. 大家正在讨论讨论那个问题。

_____

6. 老师在教室里正跟他谈话。

_____

7. 这些日子，我陪着她一直。

_____

8. 他也明天要去泰山。

_____

9. 我从小跟奶奶一起乡下住在。

_____

10. 我常常独自坐在窗前清晨。

_____

3. 他一边哭，一边说。

4. 在中国，我去很多地方旅游过。

5. 大家正在讨论那个问题。

6. 老师正在教室里跟他谈话。

7. 这些日子，我一直陪着她。

8. 他明天也要去泰山。

9. 我从小跟奶奶一起住在乡下。

10. 清晨我常常独自坐在窗前。

三、仿照例句，扩写句子。

例句：商店在卖东西。

　　学校附近的商店正在减价卖一些日常用的东西。

1. 桌子上有本书。

_____

2. 我买了一件衣服。

_____

参考答案：

1. 桌子上有一本关于美术发展历史的书。

2. 昨天我在西单商场买了一件红色的衣服。

3. 汽车在路上开。

_____

4. 一个男人正在照相。

_____

5. 我去上班。

_____

6. 代表们提建议。

_____

7. 同学们打篮球。

_____

8. 公司派他了解情况。

_____

9. 节目很受欢迎。

_____

10. 西湖好像山水画。

_____

---

3. 红色的越野汽车在高速路上开得飞快。

4. 一个穿西服的高个子男人正在给孩子照相。

5. 今天我坐地铁去上班。

6. 代表们就怎样改善城市的交通状况提出了自己的建议。

7. 上体育课的同学们正在操场上打篮球。

8. 公司派他去了解一下那里的产品销售情况。

9. 这档体育节目很受观众的欢迎。

10. 雨后的西湖风景很美，就好像一幅美丽的山水画。

请沿虚线折一下

星 期 四

补语（一）和形容词

　　今天我们还有一种句子成分要介绍给大家，那就是"补语"。补语是在谓语后面，补充说明动作进行的情况、结果、数量或性状的成分。

　　补语和状语都是修饰谓语的，不过它们的位置不同：一个在前（状语），一个在后（补语），可不要弄混啊！

　　比较一下下面两个句子：

　　她写作业写得很认真。（"很认真"在动词"写"的后边做情态补语）

　　她认真地写作业。（"认真地"在动词"写"的前边做状语）

　　它们的基本结构是这样的：

　　（定语）主语 +［状语］谓语 ＜补语＞ + （定语）宾语

　　今天的词语部分，我们给大家介绍的是形容词。它在句中可以充当谓语、定语、状语、补语。

考点解析

结果补语、程度补语、情态补语及形容词

一、补语

（一）结果补语

　　结果补语是紧跟在谓语动词后面表示动作、变化结果的成分，主要由动词、形容词充当。基本结构是：

　　动词＋结果补语（＋宾语）

1. 基本性质

句尾可以加表示变化的"了";宾语要放在补语后面;否定时一般用"没",表示某种假定时用"不"。

例:我吃＜饱＞了。

我没写＜完＞作业。

你不写＜完＞作业就不能出去玩儿。

2. 常用的动词结果补语

倒:(摔、滑、累、病、刮)倒

到:(看、买、听、找、碰、说、学习)到

掉:(扔、改、吃、删、除、消灭)掉

懂:(看、听、读、搞、弄)懂

成:(看、听、读、当、写、翻译)成

出:(走、跑、拿、掏、说、唱、看、反映)出

给:(留、传、递、交、租、还、寄、献、借、卖、输)给

见:(看、望、瞧、听、闻、碰、遇)见

开:(打、拉、分、躲、张、切、睁、解、搬、走、传、敲、推、翻)开

满:(坐、睡、住、堆、站、放、长、开、挂)满

完:(吃、看、听、说、讲、写、抄、改、用、洗、学习、准备、翻译)完

着(zháo):(买、借、找、睡)着

走:(拿、取、带、领、逃、借、搬、赶)走

住:(抓、接、握、记、拿、拉、捆、关、站、停、扶)住

上:表示从低到高:爬上、骑上、跑上

表示靠近或合拢:追上、赶上、关上、合上、闭上

表示添加:系上、拿上、带上、写上、算上、加上、别上、摆上

表示达到一定目的:买上、吃上、穿上、用上、坐上

动作开始并继续:爱上、喜欢上、看上

下:表示从高到低:走下、跑下、跳下、扔下

使固定下来:写下、记下、打下、留下、住下、停下

使脱离或离开某处：摘下、脱下

表示容纳一定数量：装下、容下、站下、住下

3. 常用的形容词结果补语

对（错）：（听、说、读、念、做、算、回答、翻译、分析、估计）对（错）

大：（放、变、睁、张）大

好：（做、放、写、拿、听、算、翻译、准备、安排、计划）好

惯：（住、吃、喝、听、看、用、骑）惯

干净：（吃、洗、擦、收拾、打扫）干净

清楚：（听、看、写、问、想、讲、算）清楚

（二）程度补语

程度补语是用在形容词或心理动词后边表示程度的。

1. 不用"得"：动词/形容词+极/透/坏/死+了

例：他心里高兴极了。

一听说这件事，可把我乐坏了。

这件事麻烦透（极、死）了。（"透、死"一般用在不好的情况下）

2. 用"得"：动词/形容词＋得＋很/慌/要命/要死/不得了/不行

例：他最近忙得很，别去打扰他。

我今天累得慌，想休息休息。（"慌、要命、要死、不行"一般用在不好的情况下）

（三）情态补语

1. 用在动词后，表示对动作情态的描写、情况的说明与评价。固定结构是"动词＋得＋情态补语"。

例：老王的韩国菜做得很地道。

这篇文章写得真是太好了！

2. 动词后边既有补语又有宾语时，有以下两种表达方式。

例：他说汉语说得很不错。（重复动词再加补语）

他汉语说得很不错。（宾语放在动词前边）

3. 还可用"个"引进情态补语。

例：他一去卡拉 OK 就唱个没完。

二、形容词

形容词表示性质和状态，可以形容人和事物，如"好、坏、漂亮"等，也可以形容动作行为，如"快、慢、早、晚"等。

（一）形容词的语法特点

1. 形容词在句子中一般不单独使用，单独使用时一般含有对照、比较的意味。如果没有这种比较的意义，形容词前一般都要加程度副词。

> 例：你汉语好，还是你说吧。（你汉语比我好）
>
> 星期日，商店里人很多。

2. 否定形式，用"不+形容词"，或用"还没……呢"来否定性质变化。

> 例：这本书不难。
>
> 天还没亮呢。

3. 问句形式，用"形容词+吗？"或肯定和否定并列。

> 例：你累吗？
>
> 他个子高不高？
>
> 你觉得这里热闹不热闹？
>
> 你女朋友长得漂（漂亮）不漂亮？

4. 形容词加"的"组成"的"字短语，作用相当于名词，可做主语、宾语。

> 例：把那个最漂亮的给我看看。
>
> 这件商品是我们这儿最贵的。

5. 形容词一般不能带宾语，但有些形容词兼有动词用法，有"使……"的意义，可带宾语。

> 例：方便群众、端正态度、繁荣经济

6. 形容词在句中还可以做定语、状语、补语。

> 例：他认识了一个漂亮的女孩子。（定语）
>
> 上课要认真听老师讲课。（状语）
>
> 他把衣服洗得干干净净。（补语）

（二）形容词的重叠

1. 单音节形容词

AA 式，用于描写，一般带有喜爱的感情色彩。

例：那位姑娘有着大大的眼睛、长长的头发。

ABB 式，即单音节形容词加上叠音词缀，这些词语一般是固定的。

例：胖乎乎、红彤彤、绿油油、香喷喷、孤零零、乱哄哄、傻乎乎

　　已经上课了，教室里还是乱哄哄的。

2. 双音节形容词

AABB 式，表示程度加深。

例：黑板上写得清清楚楚，你自己看吧。

A 里 AB 式，用于少数含贬义的形容词，含有厌恶、轻蔑的意思。

例：糊里糊涂、慌里慌张、土里土气

　　你看他傻里傻气的样子。

ABAB 式，词语本身就表示程度深，不能加程度副词"很"等修饰，重叠后表示程度加深。

例：雪白雪白、通红通红、笔直笔直、漆黑漆黑、碧绿碧绿

　　他的床单总是雪白雪白的。

3. 使用限制

1）所有形容词重叠后已经表示程度深，不能再加表示程度的程度副词"很、太、非常"等。

例：书架上的书摆得非常整齐。（√）　　　书架上的书摆得非常整整齐齐。（×）

　　对面走过来一位十分漂亮的姑娘。（√）　对面走过来一位十分漂漂亮亮的姑娘。（×）

2）不是所有的形容词都可以重叠。是否重叠，主要是一种习惯用法。

例：很漂亮——漂漂亮亮（√）　　很美丽——美美丽丽（×）

　　很老实——老老实实（√）　　很诚实——诚诚实实（×）

4. 比较"高高兴兴"和"高兴高兴"

这是"高兴"的两种重叠形式，"高高兴兴"是"很高兴"，表示程度深，"高兴高兴"是"高兴一下"，表示持续的时间较短，往往有"致使"的意义。

这样的词还有"舒服、轻松、干净、漂亮、痛快"等。

例：跑了一天，回家洗个澡，舒舒服服地睡一觉。

　　考完试了，我们去公园散散步，划划船，轻松轻松。

考题实战

一、完成句子。

1. 他　急死了　还没来　到现在　大家都

_____。

2. 他　累得　工作了一天　不得了　已经

_____。

3. 他　因为　非常厉害　感冒得　没来上课
   所以

_____。

4. 不太顺利　最近　文化交流活动　我校的
   进行得

_____。

5. 这些　现象　变化　社会潮流的　反映出

_____。

6. 劳累　这么多年的　使他　病倒了
   一下子

_____。

7. 晋升为　老李　公司的　经理　业务部

_____。

8. 孩子们　漂漂亮亮的　教室　布置得　把

_____。

9. 我们　屋里　太热　凉快凉快吧　在树下

_____。

10. 在村庄旁边　看到了　我们　湖水
    翠绿翠绿的

_____。

参考答案：

1. 他到现在还没来，大家都急死了。

2. 他工作了一天，已经累得不得了。／
   他已经工作了一天，累得不得了。

3. 他因为感冒得非常厉害，所以没
   来上课。／因为感冒得非常厉害，
   所以他没来上课。

4. 最近我校的文化交流活动进行得
   不太顺利。／我校的文化交流活
   动最近进行得不太顺利。

5. 这些现象反映出社会潮流的变化。

6. 这么多年的劳累使他一下子病倒了。

7. 老李晋升为公司的业务部经理。

8. 孩子们把教室布置得漂漂亮亮的。

9. 屋里太热，我们在树下凉快凉快吧。

10. 在村庄旁边，我们看到了翠绿翠
    绿的湖水。／我们在村庄旁边看
    到了翠绿翠绿的湖水。

请沿虚线折一下

二、看图，用词造句。

1. 暖和

_____

2. 苗条

_____

3. 迷路

_____

4. 果实

_____

5. 后悔

_____

参考答案：

1. 这里的天气很暖和，美丽的花儿都开了。

2. 她每天坚持锻炼，所以身材很苗条。

3. 初次来到这个城市，他迷路了。

4. 树上结满了果实，看起来很好吃。

5. 因为没及时看邮件而失去了面试的机会，他后悔极了。

6. 怀疑

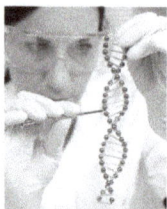

7. 环境

8. 鼠标

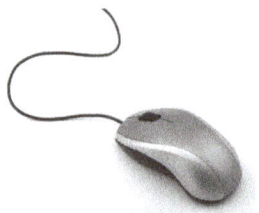

9. 激烈

10. 禁止鸣笛

6. 科学家做研究要有怀疑的精神。

7. 这个公园的环境很优美。

8. 鼠标掉在了地上，不过没摔坏。

9. 两位运动员正在激烈地比赛。

10. 小区里禁止鸣笛。

请沿虚线折一下

◆ 生词

现象	xiànxiàng（名）	appearance; phenomenon 현상 現象
潮流	cháoliú（名）	tide; trend 트렌드, 흐름；흐름 流れ、時代の趨勢
反映	fǎnyìng（动）	reflect; mirror 반영하다, 비추다 反映する
劳累	láolèi（形）	tired; overworked 피곤하다, 과로하다 働きすぎて疲労する
晋升	jìnshēng（动）	promote (to a higher office) 승진하다 昇進する
布置	bùzhì（动）	fix up; decorate 꾸미다 装飾する
村庄	cūnzhuāng（名）	village; hamlet 마을 村
翠绿	cuìlǜ（形）	emerald green; jade green 푸르다 青緑色，緑したたるような
苗条	miáotiao（形）	(of women) slender; slim 날씬하다 （女性の体つきが）すらりとして美しい
锻炼	duànliàn（动）	take exercise; have physical training 단련하다 身体や精神を鍛錬する，トレーニングする

迷路　mílù（动）

lose one's way; get lost
길을 잃다
道に迷う

初次　chūcì（名）

first time
처음
初回

果实　guǒshí（名）

fruit
과실
果実

结　jiē（动）

bear (fruit); form (seed)
맺다
（実が）なる

后悔　hòuhuǐ（动）

regret
후회하다
後悔する

怀疑　huáiyí（动）

doubt; suspect
의심하다
疑う

研究　yánjiū（动）

research
연구하다
研究する

环境　huánjìng（名）

environment; surroundings
환경
環境

鼠标　shǔbiāo（名）

mouse of a computer
마우스
マウス

激烈　jīliè（形）

violent; fierce
격렬하다, 치열하다
激しい

鸣笛　míngdí（动）

blow a whistle
기적을 울리다
ホイッスルを鳴らす

复习与练习

一、选择填空。

（一）选择适当的词语填空。

开　完　满　到　倒　坏

1. 不一会儿，他就把衣柜装（　　）了。
2. 我好不容易才找（　　）这本书。
3. 你打（　　）窗子换换空气吧。
4. 你先睡吧，我看（　　）这个电视剧再睡。
5. 下雪了，路太滑，我一不小心摔（　　）了。
6. 杯子掉在地上，摔（　　）了。

（二）请选择"上"的意义。

A 开始并继续　B 合拢、关闭
C 附着、添加　D 达到目的

1. 风太大了，把窗户关上吧。（　　）
2. 听说小王爱上丽丽了，是吗？（　　）
3. 这两封信还没贴邮票，来，我帮你贴上。（　　）
4. 大家闭上嘴，从现在开始不要说话了。（　　）

二、改错句。

1. 昨天晚上他睡觉得好极了。

_____

2. 下雨越来越大了，我们等一会儿再走吧。

_____

3. 黑板上的字我不太看清楚。

_____

4. 那天晚上天很黑，还下着雨，路上一个
人也不看见。

_____

5. 他找了小王几次才找得到小王。

_____

6. 时间只有一个月，你的论文写了得完吗？

_____

7. 这首歌我练了好几遍，记了。

_____

8. 时间一天一天地过了，他还是处在昏迷当中。

_____

9. 放假了，校园里静静，没有一个学生。

_____

10. 小树下站着一位十分漂漂亮亮的年轻女孩。

_____

三、仿照例句，缩写句子。

例句：他安安静静地坐在明亮的教室里看一
本英语书。

他看书。

1. 昨天姐姐在百货大楼买了一件深蓝色的
连衣裙。

_____

---

3. 黑板上的字我看不太清楚。

4. 那天晚上天很黑，还下着雨，路
上一个人也看不见。

5. 他找了小王几次才找到。

6. 时间只有一个月，你的论文写得
完吗？

7. 这首歌我练了好几遍，记住了。

8. 时间一天一天地过去了，他还是
处在昏迷当中。

9. 放假了，校园里静静的，没有一
个学生。

10. 小树下站着一位漂漂亮亮的年轻
女孩。/小树下站着一位十分漂
亮的年轻女孩。

参考答案：

1. 姐姐买了连衣裙。

请沿虚线折一下

2. 桌子上放着一本刚买回来的词典。

_____

3. 同学们在操场上兴高采烈地踢着足球。

_____

4. 最近我们学校举行了一系列国际文化交流活动。

_____

5. 我已经在北京大学学习了三个月汉语了。

_____

6. 飞往广州的 CA142 次航班马上就要起飞了。

_____

7. 居住在地震重灾区的 6000 名中国公民已经安全撤离了。

_____

8. 那个短头发、高个子的女孩是我妹妹。

_____

9. "3·15"前夕，大钟寺家具城举行了一年一度的家庭装修服务大赛。

_____

10. 一位漂亮的服务员小姐热情地问我们要吃点儿什么。

_____

2. 桌子上放着词典。

3. 同学们踢球。

4. 学校举行活动。

5. 我学习汉语。

6. 航班就要起飞了。

7. 公民撤离了。

8. 女孩是我妹妹。

9. 家具城举行大赛。

10. 服务员小姐问我们吃什么。

请沿虚线折一下

补语（二）和数词

今天我们要学习的是"趋向补语"。什么是"趋向补语"？表示趋向的动词"来、去"，或"上、下、进、出、回、过、起"加"来、去"，放在动词后边，表示动作发展变化的趋向或趋势，就是"趋向补语"。趋向补语有些复杂，希望同学们认真跟着老师学习哟！

词语部分我们会给大家全面介绍日常生活中经常用到的"数词"。

考点解析

趋向补语及数词

一、趋向补语

简单趋向补语：来、去

复合趋向补语：上来、下来、进来、出来、回来、过来、起来

　　　　　　　上去、下去、进去、出去、回去、过去

（一）宾语的位置

1. 一般名词做宾语，放在补语前边、后边都可以。

　　例：从外边走进来一个人。　　从外边走进一个人来。

　　　　他买回来了一斤橘子。　　他买了一斤橘子回来。

2. 处所宾语要放在趋向补语"来、去"的前边。

　　例：他站起来，走出房间去。

　　　　外面太冷了，你们都进屋来吧。

3. 离合动词中的宾语要放在"来、去"前。

例：他回过头来深情地看了她一眼。

他太累了，一进门就睡起觉来。

（二）趋向补语的意义

趋向补语的意义可分成两部分：本义和引申义。

1. 动词 + 上来

1）表示动作从低到高，说话人在高处。

例：电梯坏了，我是走上来的。

山上的风景真美，你们快上来啊！

2）表示动作由下到上，说话人是上级。

例：下课后，请同学们把作业交上来。（说话人是老师）

3）表示向说话人移动。

例：看到我回来了，孩子高兴地迎上来。

4）表示成功地完成了一个动作，常和"得、不"连用。

例：经过努力，他的学习成绩已经赶上来了。

他很聪明，老师的问题都答得上来。

这个问题太难了，我们都说不上来。

2. 动词 + 上去

1）表示动作从低到高，说话人在低处。

例：你们先把东西拿上楼去吧。

他们把粮食抬上山去了。

2）表示动作从下到上，说话人是下级。

例：我的作业已经交上去了。

你们的问题已经反映上去了。

3）表示接近某处。

例：他起身迎上去，紧紧握住老人的手。

工人把空调安上去了。

3. 动词 / 形容词 + 下来

1）表示动作从高到低，说话人在低处。

例：她从山上带下来好多水果。

你快点儿跑下来吧。

2）表示动作从上到下，说话人是下级。

例：老师把作业发下来了。（说话人是学生）

工作已经安排下来了，大家抓紧完成。

3）表示使事物分离，常用"摘、脱、揪、撕、扯、拔、割、剪"等动词。

例：快把湿衣服脱下来吧。

他从本子上撕下一张纸来。

4）表示使固定，不再动或不再变，常用"画、写、录、记、停、固定"等动词。

例：老师课上讲的内容，你都记下来了吗？

用录音机录下来就不怕没有证据了。

5）表示状态从强到弱，只能用"安静、平静、冷静、暗、冷、黑"等向弱变化的形容词。

例：天渐渐暗下来了。

听了朋友的劝告，他冷静了下来。

6）表示动作从过去到现在，常用"活、传、流传、坚持、继承"等动词。

例：虽然在学汉语的过程中遇到很多困难，但我还是坚持下来了。

这个故事是从古代流传下来的。

4. 动词/形容词 + 下去

1）表示动作从高到低，说话人在高处。

例：一听到消息，他就从楼上跑下去了。

我刚才不小心把书扔下去了。

2）表示动作从上到下，说话人是上级。

例：我把你们的作业发下去了。（说话人是老师）

这次会议的精神已经传达下去了吗？ （说话人是领导）

3）表示动作、状态已经存在并继续发展。

例：我想一直在中国住下去。

你说得很好，继续说下去吧。

天气继续这样冷下去，孩子们可就受不了了。

5. 动词 + 进来 / 进去

表示动作从外边到里边。

例：上课了，老师从外边走进教室来。（说话人在里边）

他一下子就跑进楼里去了。（说话人在外边）

6. 动词 + 出来

1）表示动作从里到外，说话人在外边。

例：她从书包里拿出一本杂志来。

下课了，同学们从教室里跑出来了。

2）表示动作使事物从无到有，从不清楚到清楚，常用"写、画、算、编、排、设计、整理、印、想"等动词。

例：经过一个月的努力，他终于设计出来了满意的作品。

这么逼真的画儿，是怎么画出来的呢？

3）表示通过动作分辨，事物从隐蔽到显露，常用"听、认、查、看"等动词。

例：几年不见，我都快认不出你来了。

我听出你的声音来了。

7. 动词 + 出去

1）表示动作从里边到外边，说话人在里边。

例：下课了，同学们走出教室去了。

刚一打开门，小狗就一下子跑了出去。

2）表示由内到外，由秘密到公开，常用"卖、租、传、说、宣传、泄露"等动词。

例：那套房子租出去没有？

这件事任何人都不能说出去。

8. 动词 + 回来 / 回去

表示从其他地方回到原来的地方。

例：这儿离我家不太远，我走回去就行了。（说话人在其他地方）

你怎么刚出去又跑回来了？（说话人在原来的地方）

9. 动词 / 形容词 + 过来

1）表示从另一个地点向着说话人靠近。

例：那边有一辆汽车开过来了。

　　看到老师走过来，他立刻坐好了。

2）表示人或事物由不好的、非正常状态回到好的、正常状态，常用"改、醒、苏醒、恢复、明白、缓、抢救、暖和、休息、纠正、反应"等动词或形容词。

例：本子上的错题已经改过来了吗？

　　经过医生的及时救护，他终于醒过来了。

3）表示经历了某种困难情况，到现在已经完成，常用"忍、熬、挺、对付、挨"等动词。

例：训练很紧张，但同学们还是都挺过来了。

　　我也不知道那样贫穷的日子他是怎样熬过来的。

4）表示由一个地方、一种情况到现在的地方、情况，常用"换、转、调、翻译"等动词。

例：这本小说已经翻译过来了。

　　他是从上海总公司调过来的。

5）表示当宾语的数量多时，主语有或没有能力完成，常和"得、不"一起使用，常用"吃、用、玩儿、看、干、管、数、背、复习、照顾、招待"等动词。

例：天上的星星谁也数不过来。

　　一下子买了那么多书，你看得过来吗？

10. 动词＋过去

1）表示从这个地点到说话人指定的某地点。

例：你快点儿跑过去吧，他正在等你呢。

　　走不动，爬也要爬过去。

2）表示从好的、正常的状态到不好的、不正常的状态，常用"昏、昏死、昏睡、晕"等动词。

例：老王太累了，一到家就昏睡过去了。

　　病人已经昏死过去，得马上抢救。

3）表示"还可以、不错"，常和"说、看"加"得、不"一起使用，也可直接说"过得去"。

例：这件衣服还看得过去。

你这样的考试成绩也太说不过去了吧。

他们家的日子还算过得去，不那么紧张。

4）"过去"也可直接做谓语，表示经历了某段时间，现在已经结束。

例：圣诞节已经过去了。

一天的时间就这么过去了。

11. 动词／形容词＋起来

1）表示动作从低到高，常用"坐、站、跳、举、提、抬、升"等动词。

例：他突然站了起来。

有问题的同学请把手举起来。

2）表示动作开始、继续，宾语常放在"起"和"来"之间。

例：他忍不住哭了起来。

外面突然下起大雨来了。

3）表示状态由弱到强的变化，常用"热闹、亮、大、热、紧张、高兴、胖、多"等形容词。

例：天渐渐地亮起来了。

他一到场，会场上立刻热闹起来了。

4）表示由分散到集中，常用"存、捆、扎、收、装、攒、积累、收集、组织"等动词。

例：把晾在阳台上的衣服都收起来吧。

经验都是一点儿一点儿积累起来的。

5）表示回忆起忘记的事情，常用"想、回忆、记、回想"等动词。

例：哦，我想起来了，你是大卫。

我记起来了，我把钥匙放在水池边上了。

6）表示"……的时候"，常用来估量、评价，常用"看、听、说、用、做、穿、笑"等动词。

例：这件事说起来容易做起来难。

这件衣服看起来不怎么样，穿起来还挺漂亮的。

二、数词

数词是表示数目的词，分为基数词和序数词。基数词就是表示数目大小的词，包括整数、分数、小数、倍数、概数等；序数词就是表示次序先后的词。

（一）整数

读的时候，数字和位数结合起来读。数字指的是"零、一、二、三、四、五、六、七、八、九、十"，位数指的是"个、十、百、千、万、亿"等。

例：123456789读作：一亿 两千三百四十五万 六千七百八十九

规则：

1. 一个数目最后几位都是"0"，"0"都省略不读，但"万、亿"等位数仍要读出。

例：1200：一千二（百）、420000：四十二万

2. 一个数目中间有几位是"0"时，不管"0"有几位都只读一个"零"。

例：2008：两千零八、250008：二十五万零八

3. 电话号码、房间号码只读数字，不读位数，"1"读成"yāo"。

例：13611008450：幺（yāo）三六 幺（yāo）幺（yāo）零零 八四五零

4. "二"和"两"

表示数目时，"千、万、亿"前的"2"通常读作"两"；"百"前的"2"读"二"或"两"都行；"十"前和个位数上要读"二"。

例：两亿、两万、两千、二（两）百二十、二十二

一般量词前，一位数用"两"，多位数中的个位用"二"。

例：两个、两件、两张、十二个人、一百零二天

度量衡单位量词前，国际通用的一般用"两"，中国特有的一般用"二"。

例：两公斤（公里、米、平方米）、二斤（尺、寸、亩、两、里）

（二）分数

一般的分数用"……分之……"表示。

例：1/2：二分之一、3/4：四分之三

百分数用"百分之……"表示。

例：12%：百分之十二、20%：百分之二十、100%：百分之百

（三）小数

小数中的"．"读作"点"，小数点前的部分跟整数一样读，小数点后的部分只读数字，不读位数。

例：0.5：零点五、1.27：一点二七、234.456：二百三十四点四五六

（四）倍数

在数词后加上量词"倍"。

例：5倍、10倍

注意比较：

"是……的5倍"包括原有数；

"增加了5倍"不包括原有数。

例：30是6的5倍。

6增加5倍是36。

（五）概数

1. 用临近的两个数表示概数，一般小数在前，大数在后。9和10、10和11这样有进位的数不能连用表示概数。

例：我等了他五六分钟了。

这个城镇有七八十万人口。

2和3连用，读成"两三"。

例：他已经两三个月没回家了。

这次出差时间不长，只有两三天。

3和5可连用表示概数。

例：教室里只有三五个学生在上自习。

100和80连用，表示80到100之间，读作"百八十"。

例：有百八十人参加了他的婚礼。

这件衣服不太贵，百八十块就能买下来。

2. 数量词和"上下、前后、左右、以上、以下、大约、大致、将近"等连用表示概数。

"数量＋上下"，一般用在年龄、身高等方面。

例：他估计这个人的年龄在四十岁上下。

"数量＋前后"，只用于表示时间点的概数，可用在名词后。

例：我明天六点前后就可以到家了。

去海南旅行，春节前后是最贵的。

"数量＋左右"，可表示大概的数量和时间。

例：现在学生每个月的生活费是 1000 元左右。

我每天三点左右下课。

"数量＋以上／以下"，表示下限、上限。

例：他们班的学生数在三十以上。

"将近＋数量"，表示接近。

例：他来中国将近一年了。

"大约＋数量"，表示大概。

例：这本书花了大约三十块钱。

昨天来了大约三十名留学生。

3. 在数字后面加"多"，表示概数。

数词（以 0 结尾）＋多＋量词（＋名词）

例：我们班有四十多个留学生。

有二十多个国家的代表参加了这次会议。

数词（以 1……9 结尾及 10）＋量词＋多（＋名词）

这里的量词为连续量词（即可以用 0.1、0.2 计算的量词，如：斤、两、尺、寸、年、天、公里、里）

例：五瓶牛奶十四块多。（表示买五瓶牛奶可能是 14.1 元、14.2 元……）

4. 在数字后面加"来"，表示"左右、差不多"。

数词（以 0 结尾）＋来＋量词（＋名词）

例：书架上有三十来本书。

我家到学校有五十来里路。

数词（以 1……9 结尾及 10）＋量词＋来（＋名词）

这里的量词一般是连续量词。

例：我家到学校有五里来路。

比较：十来斤米、十斤来米

　　　　十多斤米、十斤多米

5.“几、两”可活用表示概数。

“几”表示的概数一般在“十”以内。

“两”表示概数的用法与“几”基本一样，但“两”一般只用于肯定的情况，“几”肯定、否定情况都能用。

例：今天只来了几个学生。

看了这么半天，才买了这么两（几）本。

今天下雨，没来几个学生。

（六）序数词

序数词是表示次序的数词，基本表示方法是在数量前加“第”。

例：第一天、第二个、第五周、第三位

也有不少情况下不用“第”，主要有：

日期：2001 年 9 月 8 日

等级：一等、二等、一级

亲属排行：大哥、二哥

楼房层数：三楼（层）、八楼（层）

车辆班次：头班车、末班车、8 路、13 路、302 次、789 次

组织机构：一年级、三年级、一班、二班、一组、二组、一车间、二车间

其他表示序数的方式：头一次、头一天、末一次、初一、初五、老大、老二、老幺

例：你头一次来北京是什么时候？

我是家里的老大，老幺是个女孩。

考题实战

一、完成句子。

1. 仍然　他　没能　从痛苦中　解脱出来

_____。

2. 把产品质量　我们公司　一定要　搞上去

_____。

3. 把最后 100 米　他　咬牙　坚持下来　了

_____。

4. 孩子　经过　终于　抢救　苏醒过来了

_____。

5. 窗外　突然　下起　来　倾盆大雨

_____。

6. 进了医院　顿时　他的声音　下来　低

_____。

7. 他　把　错误　论文中的　改正过来了

_____。

8. 他们　公司　将近三十万元的　获得了　利润

_____。

9. 他　去年　在香港　住了三个　月　来

_____。

10. 女儿的　是　年龄　三分之一　妈妈的

_____。

参考答案：

1. 他仍然没能从痛苦中解脱出来。

2. 我们公司一定要把产品质量搞上去。

3. 他咬牙把最后100米坚持下来了。

4. 经过抢救，孩子终于苏醒过来了。／孩子经过抢救终于苏醒过来了。

5. 窗外突然下起倾盆大雨来。

6. 进了医院，他的声音顿时低下来。

7. 他把论文中的错误改正过来了。

8. 他们公司获得了将近三十万元的利润。

9. 他去年在香港住了三个来月。

10. 女儿的年龄是妈妈的三分之一。

请沿虚线折一下

二、看图，用词造句。

1. 钻戒

_____

2. 开心

_____

3. 服装

_____

4. 浪漫

_____

5. 讨论

_____

参考答案：

1.　一枚小小的钻戒中包含了无尽的爱。

2. 小朋友们在草地上玩儿得很开心。

3. 这些衣服都是中国的传统服装。

4. 和爱人牵手在海边散步是一件很浪漫的事情。

5. 他们坐在一起讨论问题。

6. 合影

7. 判断

8. 模仿

9. 空闲

10. 趴

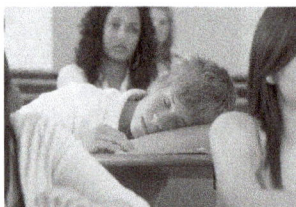

6. 毕业了，大家合影留念。

7. 他对市场情况的判断是正确的。

8. 这个孩子在模仿医生的动作，真可爱。

9. 空闲的时候，她喜欢听音乐。

10. 他趴在桌子上休息。

请沿虚线折一下

◆ 生词

仍然 réngrán（副）	still; yet 여전히, 아직 依然として，相変わらず	
解脱 jiětuō（动）	free/extricate oneself 벗어나다 抜け出す	
搞 gǎo（动）	do; carry on 발전시키다 （物事を）する，やる	
咬牙 yǎoyá（动）	clench/gnash/grit one's teeth 이를 악물다 歯を食いしばって我慢する	
抢救 qiǎngjiù（动）	rescue; save 구급하다 応急手当をする	
苏醒 sūxǐng（动）	revive; regain consciousness 되살아나다, 깨어나다 よみがえる	
倾盆大雨 qīngpén-dàyǔ	downpour; pouring rain 장대비 どしゃ降りの雨	
顿时 dùnshí（副）	suddenly; immediately 갑자기 直ちに，急に（過去の事柄を叙述するときにのみ用いる）	
改正 gǎizhèng（动）	correct; amend 시정하다 改正する	
将近 jiāngjìn（副）	close to; almost 거의, 한 （数が）～に近い	
利润 lìrùn（名）	profit 이윤 利潤	

钻戒	zuànjiè（名）	diamond ring 다이아몬드 반지 ダイヤモンドの指輪
无尽	wújìn（动）	be endless 끝없다 尽きない，無限の
服装	fúzhuāng（名）	clothing; dress 의상 服装
浪漫	làngmàn（形）	romantic 낭만적이다 ロマンチックである
讨论	tǎolùn（动）	discuss 토론하다 討論する，検討する
合影	héyǐng（动）	take a group photo/picture 같이 사진을 찍다 一緒に写真を撮る
留念	liúniàn（动）	do as a memento 기념으로 남기다 記念に残す
判断	pànduàn（名）	judgement 판단 判断
模仿	mófǎng（动）	imitate; copy 모방하다 まねる
空闲	kòngxián（形）	free; idle 여유 暇
趴	pā（动）	bend over; lean on 엎드리다 腹ばいになる，へばりつく

复习与练习

一、填上适当的趋向补语。

1. 外边很冷,你们快进教室(　　　)吧。(说话人在里边)

2. 山上的景色一定很美,我们快爬(　　　)吧。(说话人在下边)

3. 你不是刚出去吗? 怎么又(　　　)了?

4. 看到妈妈回来了,孩子们高兴地跑了(　　　)。

5. 这个戒指是我们家祖传(　　　)的,到我这里已经是第四代了。

6. 有问题的同学请把手举(　　　)。

7. 这道菜看(　　　)不怎么样,吃(　　　)味道还不错。

8. 如果天气再冷(　　　),这些植物都要被冻死了。

9. 我看(　　　)了,她一定是你的女朋友。

10. 作业本发下来后,一定要把写错的地方改(　　　)。

参考答案:

1. 外边很冷,你们快进教室(来)吧。

2. 山上的景色一定很美,我们快爬(上去)吧。

3. 你不是刚出去吗? 怎么又(回来)了?

4. 看到妈妈回来了,孩子们高兴地跑了(过去)。

5. 这个戒指是我们家祖传(下来)的,到我这里已经是第四代了。

6. 有问题的同学请把手举(起来)。

7. 这道菜看(起来)不怎么样,吃(起来)味道还不错。

8. 如果天气再冷(下去),这些植物都要被冻死了。

9. 我看(出来)了,她一定是你的女朋友。

10. 作业本发下来后,一定要把写错的地方改(过来)。

二、改错句。

1. 你怎么把汽车停起来了?

_____

2. 我一说开始,大家就一起唱了下去。

_____

参考答案:

1. 你怎么把汽车停下来了?

2. 我一说开始,大家就一起唱了起来。

3. 病人昏上来了，得马上抢救。

_____

4. 虽然遇到了很多困难，但我还是坚持起来了。

_____

5. 我很饿，吃了三碗米饭半。

_____

6. 他们大学的国际交流学院大约有二十、三十个日本留学生。

_____

7. 他每个月的工资至少五千元以上。

_____

8. 我看出去了，你们两个人是两口子。

_____

9. 同学们陆续走进来图书馆。

_____

10. 听了朋友的劝说，他慢慢冷静上来了。

_____

三、仿照例句，扩写句子。

例句：他打电话。

　　　　他给女朋友打电话打了一个小时。

1. 他吃饭。

_____

---

3. 病人昏过去了，得马上抢救。

4. 虽然遇到了很多困难，但我还是坚持下来了。

5. 我很饿，吃了三碗半米饭。

6. 他们大学的国际交流学院大约有二三十个日本留学生。

7. 他每个月的工资至少五千元。/ 他每个月的工资都在五千元以上。

8. 我看出来了，你们两个人是两口子。

9. 同学们陆续走进图书馆来。

10. 听了朋友的劝说，他慢慢冷静下来了。

参考答案：

1. 他一口气吃了三碗饭。

请沿虚线折一下

2. 我去长城。

_____

3. 他等女朋友。

_____

4. 我明白了道理。

_____

5. 同学们唱歌。

_____

6. 民间流传故事。

_____

7. 玛丽寻找动物。

_____

8. 他考上了大学。

_____

9. 老师要开会。

_____

10. 他摔倒了。

_____

2. 我和朋友们一起去了八达岭长城。

3. 他站在空空的街道上，焦急地等待着上夜班晚归的女朋友。

4. 我终于明白了"良药苦口利于病"这个道理。

5. 同学们兴高采烈地唱着一首首刚学会的新歌。

6. 民间流传着许多美丽的爱情故事。

7. 玛丽翻山越岭寻找受伤的野生动物。

8. 他终于考上了那所有名的大学。

9. 下午三点，全体英语老师要到409房间开会。

10. 雪后路滑，他一不小心摔倒在雪地里了。

第 1 周
周末复习与训练

知识点补充

标点符号和基本书写格式

一、标点符号

在口语表达中，我们可以根据说话人的语气判断他的态度、感情，而在书面语中，我们是听不到声音和语气的，那要通过什么来进行准确的判断呢？这就要借助"标点符号"了。标点符号是书面语言的组成部分，是写作不可缺少的辅助工具，它能够帮助人们更好地表达思想感情和理解书面语言。正确使用标点符号是写好文章的一个重要方面。汉语常用的标点符号都有哪些？应该如何使用呢？一起看看吧！

汉语常用标点符号

名称	符号	用法说明	举例
句号	。	用于句子末尾，表示陈述语气。	长江是中国第一大河。
逗号	，	表示句子中的一般性停顿。	今天天气很好，同学们一起去北海公园游玩。
顿号	、	表示句中并列的词或词组之间的停顿。	这种机器的优点是结构简单、制造容易、操作方便、性能稳定。
分号	；	表示一句话中并列分句之间的停顿。	春天，阳光明媚；夏天，骄阳似火。
冒号	：	用以提示下文；引出注释、说明。	经验告诉我们：正确的认识来源于社会实践。

问号	？	用在问句之后。	你们几点上课？ 我怎么能不去呢？
感叹号	！	1. 表示感叹句末尾的停顿。	太棒了！
		2. 表示强烈的感情。	这里禁止拍照！
引号	" "	1. 表示直接引用的部分。	老师对学生说："下课后把作业交上来。"
		2. 表示具有特殊含义的词语。	他们当中许多人是品德好、学习好、身体好的"三好学生"。
括号	（ ）	表示文中注释的部分。	这篇小说中的环境描写（无论是野外的还是室内的）处处精彩。
省略号	……	表示文中省略的部分。	这个水果店里有苹果、橘子、葡萄……品种齐全，价格实惠。
破折号	——	1. 表示下面是解释、说明的部分。	他来到了祖国的首都——北京。
		2. 表示声音的延长。	"叮咚——"门铃响了。
		3. 用于副标题之前。	沙漠里自由的灵魂 ——读三毛《撒哈拉的故事》有感
连接号	—	表示时间、地点、数目等的起止。	苏轼（1037—1101），北宋著名文学家。 北京—上海高铁
书名号	《 》	表示书籍、文件、报刊、文章等的名称。	《红楼梦》 《人民日报》 《阿Q正传》
间隔号	·	1. 表示月份和日期之间的分界。	"一二·九"运动
		2. 表示外国人名或少数民族人名内部的分界。	诺尔曼·白求恩 阿依古丽·买买提

二、汉语写作格式

从第二周起，我们就要进入短文书写的训练了。短文和句子不一样，书写有一定的格式。具体是怎样的呢？我们一起来了解一下：

1.标题要写在中间。作者的名字写在标题的下一行中间或最右边。

2.每段的开头要空两格。

3.标点符号的位置：句号、问号、叹号、逗号、顿号、分号和冒号一般占一个字的位置，且不出现在一行开头；引号、括号、书名号的前一半不出现在一行最后，后一半不出现在一行开头；破折号和省略号都占两格。

练习

一、看书写格式范例，并给第二段加上标点。

							落	花	生										
																许	地	山	
	我	们	家	的	后	园	有	半	亩	空	地	。	母	亲	说	："	让	它	
荒	着	怪	可	惜	的	，	你	们	那	么	爱	吃	花	生	，	就	开	辟	出、
来	种	、	播	种	、	浇	水	，	没	过	几	个	月	，	居	然	收	获	了。
	母	亲	说		今	晚	我	们	过	一	个	收	获	节		请	你	们	
的	父	亲	也	来	尝	尝	我	们	的	新	花	生		好	不	好		母	亲
把	花	生	做	成	了	好	几	样	食	品		还	吩	咐	就	在	后	园	的
茅	亭	里	过	这	个	节													
	那	晚	上	天	色	不	大	好	。	可	是	父	亲	也	来	了	，	实	
在	很	难	得	。															
	…	…	…	…															

二、给下面一段话加上标点。

一位先生来到一个工地　看到三个工人在干同样的活儿　于是他问其中的一位在

做什么　那个工人回答道　你都看到了　我在做一块砖　那位先生又问第二个工人在忙什么　他一脸不高兴地回答　我在做一个窗户　第三个工人在听到同样的问题后兴高采烈地回答说　我在盖一座教堂

参考答案

第一题

		母	亲	说	："	今	晚	我	们	过	一	个	收	获	节	，	请	你	们
的	父	亲	也	来	尝	尝	我	们	的	新	花	生	，	好	不	好	？"	母	亲
把	花	生	做	成	了	好	几	样	食	品	，	还	吩	咐	就	在	后	园	的
茅	亭	里	过	这	个	节	。												

第二题

　　一位先生来到一个工地，看到三个工人在干同样的活儿，于是他问其中的一位在做什么。那个工人回答道："你都看到了，我在做一块砖。"那位先生又问第二个工人在忙什么，他一脸不高兴地回答："我在做一个窗户。"第三个工人在听到同样的问题后兴高采烈地回答说："我在盖一座教堂！"

第 2 周 > > > > >

学习重点：根据所给词语写短文

　　从这周开始，我们的学习就要进入短文写作的训练了。准确地使用词语，思维有条理、清楚，再运用符合汉语写作规范的表达方式，我们就可以写成一篇好的短文。这一周，我们考题实战部分就要进入HSK五级书写要求的第二阶段——根据词语写短文。有了上一周的积累，相信大家对词语和句子的掌握已经有一定基础了，那么，怎么把句子组合成一篇符合汉语写作规范的短文呢？我们除了要按语法规定准确使用词语之外，还要知道怎样有条理地组织句子，同时汉语写作的规范格式及标点符号的使用方法也是必须掌握的，所以请大家牢记上周末知识点补充部分的内容。

星 期 一

补语（三）和量词

今天的语法部分，我们继续学习句子成分当中的补语。今天首先要学习的是数量补语，它表示动作和变化的数量，包括动量补语和时量补语。然后是可能补语和介词短语补语。这几种补语不太复杂，我们只要记住它们分别所表示的意义以及一些固定用法，就很容易掌握了。

词语部分，我们今天一起来学习一下量词。

考点解析

数量补语、可能补语、介词短语补语及量词

一、补语

（一）数量补语

表示数量、时间的名词在动词后，表示动作和变化的数量，这样的句子成分叫数量补语。数量补语可分为：

1. 动量补语：表示动作、行为进行的次数。

1）动词＋了／过＋动量补语

例：这本书我看了三遍。

这道菜我吃过一次。

2）动词＋了／过＋动量补语＋宾语（一般名词）

一般名词做宾语时，放在动量补语后面。

例：来中国后，我去过两次长城。

他吃过三次烤鸭。

3）动词＋了／过＋宾语（人）＋动量补语

当宾语表示确定的人时，一般位于动量补语前。

例：那个司机骗过我一回。

我去医院看过小王两次了。

2. 时量补语：表示动作或状态持续时间的长短，由表示时段的词语充当。

1）动词＋了＋时量补语

例：我休息了三十分钟。

他站了一个小时。

2）动词＋了＋时量补语＋宾语（一般名词）

一般名词做宾语时，放在时量补语后面。

例：我们开了一晚上会。

3）动词（＋了）＋宾语（人或处所）＋时量补语

当宾语表示确定的人或处所时，一般位于时量补语前。

例：我等了你一个小时了。

我来中国一年多了。

（二）可能补语

表示可能或不可能，结构一般为动词后加"得＋结果补语／趋向补语"。

1. 基本性质

1）肯定形式常用于疑问句或回答句中。

例：——我说的话你听得懂吗？ ——听得懂。

2）否定时"得"变成"不"；肯定形式和否定形式在一起可组成正反疑问句。

例：房间里太黑了，我什么也看不见。

衣柜有点儿小，这个包放得进去放不进去？

3）宾语可以放在补语后边，也可以放在主语前边。

例：我看得清楚黑板上的字。

黑板上的字我看得清楚。

2. 固定用法

1）"动词＋得／不＋了（liǎo）"，表示动作能否实现或能否完成。

例：我肚子疼，今天的运动会参加不了了。

点了这么多菜，我们怎么吃得了？

2）"动词＋得／不＋来"，表示是否习惯，常用"说、吃、住、合"等动词。

例：他们是好朋友，很合得来。

香菜有一种特殊的味道，我吃不来。

3）"动词＋得／不＋住"，表示是否能坚持或是否可以做。

例：他这个人靠不住，你别相信他。

不用扶我，我站得住。

4）"动词＋得／不得"，表示可以或不可以做。

例：那里为什么你去得我就去不得？

这个人你可小看不得。

5）"怪不得、恨不得、巴不得、值得、不值得、舍得、舍不得"这些词语是固定结构，相当于一个词，不是可能补语。

例：怪不得他的汉语说得那么好呢，原来他来中国已经四年了。

我巴不得能去你家做客呢。

（三）介词短语补语

"动词／形容词＋于／自／向／在／到"等，表示时间、处所、方向、比较等意义。

例：马克思诞生于1818年。

我们来自五湖四海。

他经常工作到黎明才睡觉。

我把本子放在桌子上了。

二、量词

量词是表示人或事物或动作量的单位的词，分为名量词和动量词。

（一）名量词

汉语的数词一般不能直接与名词连用，中间要有量词。表示人或事物的数量单位的词，叫名量词。名量词包括专用名量词和借用名量词。

例：那家工厂经营状况不好。

这段回忆对他有着非常特殊的意义。

1. 度量词：度量衡的计算单位也可做量词。

　　长度单位：公里、里、米、厘米、尺、寸

　　重量单位：吨、公斤、斤、两、克、钱

　　面积单位：平方公里、公顷、平方米、亩、分

　　容量单位：升、毫升

　　体积单位：立方米、立方分米、立方厘米

2. 个体名量词及举例

　　把：斧子、铲子、尺子、刀、剑、火、筷子、伞、刷子、梳子、锁、钥匙、椅子、暖壶、剪刀

　　包：香烟、糖果

　　杯：茶、牛奶、水、酒

　　本：书、小说、杂志、词典、账本、地图

　　笔：交易、钱、收入、债务、账

　　部：电影、小说、电话

　　册：书、画报

　　场：比赛、冰雹、革命、病、电影、戏、雨、雪、战斗、战争

　　袋：米、花生

　　道：菜、彩虹、关口、光、闪电、眉毛、命令、题目

　　滴：水、汗、油、血、雨、眼泪、酒

　　顶：帽子、帐篷

　　段：话、故事、电线、铁丝、经历、历史

　　顿：饭

　　朵：花、云

　　份：报纸、工作、工资、礼物、文件、杂志

　　封：信

　　幅：字画、标语

　　根：扁担、骨头、管子、火柴、筷子、蜡烛、头发、绳子、针、香肠、黄瓜

　　家：报社、饭店、商店、工厂、电影院、旅馆、企业、医院、银行

　　架：飞机

间：房间、教室

件：家具、礼物、商品、上衣、衣服、行李、乐器、事情

节：课、车厢、电池、竹子

届：毕业生、运动会

句：话、口号、诗

棵：菜、草、树、小麦

颗：钉子、瓜子、糖、心、星、牙齿、炸弹、珠子

口：锅、井、人

块：手表、肥皂、玻璃、冰、泥、石头、田地、砖、蛋糕、姜、点心、饼干、糖、西瓜、月饼

粒：豆子、米、花生米、药、种子、沙子

辆：汽车、自行车、摩托车、坦克

列：火车

门：功课、学问、炮

面：旗帜、镜子、墙

匹：马、布

篇：课文、日记、作文、文章、论文

片：树叶、面包、瓦、云、森林、草地、心意

扇：门、窗户

首：歌、诗、乐曲

束：花

艘：船、货轮

所：大学、学院、学校、研究院、医院

台：机器、电视机、收音机、空调、录音机

条：江、河、床单、领带、裤子、裙子、毛巾、绳子、虫子、鱼、狗、船、胳膊、路、街、理由、标语、新闻

头：驴、牛、大象、猪

丸：药

碗：饭、汤、酒

位：客人、女士、先生

项：工作、计划、调查、研究、任务、仪式、活动、制度、建议

则：消息、新闻、寓言故事

盏：灯

张：票、报纸、地图、画、表格、照片、邮票、纸、床、桌子、嘴、弓

阵：风、雨、掌声

支：笔、蜡烛、队伍、军队、歌、箭

只：狗、狐狸、鸡、虾、老虎、猫、蜜蜂、鞋、脚、眼睛、耳朵

尊：塑像

座：城市、宫殿、山、楼房、水库、碑

3. 集合量词：用于由两个或两个以上的个体组成的人或事物。

帮：坏人、强盗

串：鞭炮、葡萄、糖葫芦、钥匙

打：鸡蛋、铅笔、啤酒

对：翅膀、耳环、夫妻

副：牌、象棋、手套、眼镜、中药、对联

伙：人、歹徒、强盗

批：货物、学生、书

群：人、孩子、牛、马、羊

双：手、脚、眼睛、筷子、鞋、袜子

套：办法、家具、衣服、邮票、房子

4. 不定量词：不定量词一般只能跟数词"一"结合，但"些"有时可以说"好些"，表示"多"。

些：一些人、一些食品、好些天

点儿：一点儿水、一点儿饭

注意：

"有点儿"是副词，表示程度低，用在动词、形容词前面。

例：有点儿冷、有点儿饿

"（一）点儿"是数量词，表示少，用在名词前面。

例：吃了一点儿面包、喝点儿水

5. 借用名量词：

　　某些名词临时被用作量词。

　　　　例：一身衣服、一桌子菜、一车货物、一屋子人

　　"一＋借用名量词（＋的）＋名词"可以表示"多、满"的意思。

　　　　例：洒一地（的）水、出一脸（的）汗、喝一肚子（的）啤酒、摆一桌子（的）书

　　　　　　他这个人一肚子坏点子，你小心点儿。　　你看，弄了一手泥，快洗洗！

（二）动量词

　　动量词是表示动作或变化次数的单位的量词，在句中主要做补语。

1. 专用动量词

　　　次：一般用于可反复出现的动作。

　　　　例：这部电影我看了两次，都没看完。

　　　下：一般用于短时间的动作，或表示语气的委婉。

　　　　例：他点了好几下头。　　你来帮我搬一下桌子吧。

　　　回：一般用于可反复出现的动作，还可做名量词。

　　　　例：长城我去过三四回了。　　这两件事不是一回事。

　　　顿：用于吃饭、劝说、打骂等动作。

　　　　例：我最近每天吃四顿饭。　　考试不及格，他被妈妈批评了一顿。

　　　阵：表示动作进行了一段时间。

　　　　例：雨下了一阵就停了。　　他觉得身上一阵冷，一阵热。

　　　场：用于体育比赛、文艺表演等活动或雨雪等自然现象。

　　　　例：恋爱这么久，我们没一起看过一场电影。　　婚姻失败了，他大哭了一场。

　　　　　　昨天下了一场大雪。

　　　趟：指来回行走的次数。

　　　　例：为了买这本书，我今天去了三趟书店。　　她去年去了一趟法国。

　　　遍：强调从头到尾的整个过程。

　　　　例：这部电影我看了三遍。　　今天的作业是把生词写三遍。

　　　番：用于费时间、精力完成的事情。

　　　　例：调查一番、讨论一番、研究一番

2. 借用动量词

　　　表示工具或人体部位的名词，也可借用作动量词。

　　　　例：打了一针、踢了一脚

　　　　　　他被狗咬了一口。　　他偷偷看了她一眼，笑了。

考题实战

一、完成句子。

1. 曾经　李老师　辅导过　他　三次

　　_____。

2. 他　颐和园　一连　去　三次　了

　　_____。

3. 我们　好几个小时　参观了　工业展览会
　　的

　　_____。

4. 我　学习了　已经　在北大　三个月　了

　　_____。

5. 我　想不起来　一时　在哪儿　他　见过

　　_____。

6. 我们班　世界　同学　来自　各地

　　_____。

7. 我的　视力　越来越　现在　差

　　_____。

8. 妈妈的话　听不进去　他　一句　也

　　_____。

9. 妈妈　一桌子的　亲手做了　了　饭菜

　　_____。

10. 小猫的　精美的　项链　脖子上
　　挂了　一串

　　_____。

参考答案：

1. 李老师曾经辅导过他三次。

2. 他一连去了三次颐和园。／他一连去了颐和园三次。

3. 我们参观了好几个小时的工业展览会。

4. 我已经在北大学习了三个月了。

5. 我一时想不起来在哪儿见过他。

6. 我们班同学来自世界各地。

7. 现在我的视力越来越差。／我的视力现在越来越差。

8. 妈妈的话他一句也听不进去。

9. 妈妈亲手做了一桌子的饭菜。

10. 小猫的脖子上挂了一串精美的项链。

请沿虚线折一下

二、请结合下列词语（要全部使用，顺序不分先后），写一篇80字左右的短文。

1.习惯　中国　发现　词典　周围

_____

_____

_____

_____

_____

_____

_____

_____

_____

_____

提示与答案：

1）把所给词语从意思上联系在一起。
来中国——不太习惯——周围的人和事——发现问题——使用词典

2）对上面各项内容提出问题，寻找自己需要的材料。
来中国：什么时候？为什么？和谁一起？
不太习惯：对什么不习惯？语言？气候？食物？住宿？
周围的人和事：周围的人是什么样的？他们的语言、外貌是怎样的？周围有哪些地方？会发生哪些事情？
发现问题：什么问题？生活上的还是学习上的？
使用词典：用词典做什么？什么情况下使用？

3）进行想象，安排事情发展的顺序和过程，扩展成完整的一件事，书写短文。
　　我刚来中国的时候，有点儿不习惯，因为周围到处是黑眼睛、黑头发的人。虽然我在俄罗斯已经学过两年汉语了，可到了这儿以后却发现中国人说的话我都听不懂。所以，我经常查词典学习汉语，词典成了我最好的朋友。

请沿虚线折一下

2. 火车　旅游　游览　打听　漂亮

_____

_____

_____

_____

_____

_____

_____

_____

_____

_____

提示与答案：

1）把所给词语从意思上联系在一起。

去旅游——坐火车——很漂亮——想游览——到处打听

2）对上面各项内容提出问题，寻找自己需要的材料。

去旅游：什么时间？去哪儿旅游？和谁一起？怎么去的？

坐火车：在哪儿坐火车？坐多长时间火车？

很漂亮：什么漂亮？怎样漂亮？

想游览：游览什么地方？

到处打听：跟谁打听？怎么打听？打听的结果如何？

3）进行想象，安排事情发展的顺序和过程，扩展成完整的一件事，书写短文。

　　今年暑假，我和朋友们一起坐火车去上海旅游。上海很大，也很漂亮，有很多高楼大厦，人也很多。我们想去外滩游览，可是不知道怎么坐车。我们到处打听，终于来到了外滩，看到了外滩的美景。

请沿虚线折一下

◆ 生词

一连	yìlián （副）	in a row; in succession
		연이어
		引き続き，続けざまに

视力	shìlì （名）	vision; sight
		시력
		視力

精美	jīngměi （形）	exquisite; elegant
		정교하다
		精巧で美しい，精美である

挂	guà （动）	hang; put up
		걸다
		掛ける，掛かる

串	chuàn （量）	string; bunch
		꿰미
		つながっているものを数える

项	xiàng （量）	item
		건
		事物の種類、項目を数える

外貌	wàimào （名）	looks; appearance
		외모
		外貌，みかけ

扩展	kuòzhǎn （动）	extend; expand
		확장하다，확대하다
		拡大する，広げる

游览	yóulǎn （动）	visit; go sightseeing
		구경하다
		遊覧する，見物する

打听　dǎting（动）

ask about; enquire about
알아보다
尋ねる

高楼大厦　gāolóu-dàshà

high-rise buildings and large mansions
고층 빌딩, 고층 건물
大きくて立派な建物，ビルディング

外滩　Wàitān（名）

the Bund
와이탄
バンド（上海の黄浦江岸一帯の地名）

美景　měijǐng（名）

beautiful scenery or landscape
아름다운 경치
美しい景色

复习与练习

一、选择适当的词语填空。

懂　了　自　于　动

1. 书桌太重了，我一个人搬不（　　　）。

2. 他的车被撞坏了，开不（　　　）了。

3. 这本书是中文的，你看得（　　　）吗？

4. 我们班的同学来（　　　）日本、韩国和俄罗斯。

5. 她出生（　　　）1971年9月3日。

口　位　群　批　匹

6. 几（　　　）专家正在研究这个课题。

7. 草原上一（　　　）马奔驰而来。

8. 今天客人特别多，刚走了一（　　　）又来了一（　　　）。

9. 我家今天又多了一（　　　）人，因为我刚当上了爸爸。

10. 那一大（　　　）人围在一起干什么呢？

参考答案：

1. 书桌太重了,我一个人搬不（动）。

2. 他的车被撞坏了，开不（了）了。

3. 这本书是中文的,你看得(懂)吗?

4. 我们班的同学来（自）日本、韩国和俄罗斯。

5. 她出生（于）1971年9月3日。

6. 几（位）专家正在研究这个课题。

7. 草原上一（匹）马奔驰而来。

8. 今天客人特别多，刚走了一（批）又来了一（批）。

9. 我家今天又多了一（口）人，因为我刚当上了爸爸。

10. 那一大（群）人围在一起干什么呢？

二、改错句。

1. 昨天我去医院看了一趟他，他恢复得很好。

＿＿＿＿＿＿＿＿＿＿＿＿＿＿＿＿＿＿＿

2. 我已经来三年多了北京。

＿＿＿＿＿＿＿＿＿＿＿＿＿＿＿＿＿＿＿

参考答案：

1. 昨天我去医院看了他一趟，他恢复得很好。

2. 我来北京已经三年多了。/ 我已经来北京三年多了。

请沿虚线折一下

3. 教室里的光线太暗了，老师写在黑板上的字我看得很清楚。

_____

4. 小李肚子疼，今天的运动会参加得了了。

_____

5. 我恨不得能去你家做客呢。

_____

6. 他经常到凌晨工作才回家睡觉。

_____

7. 客厅里放着一座电视机。

_____

8. 我把了那几个本子交给老师。

_____

9. 阿里这个人靠得住靠不住，你千万不能相信他。

_____

10. 他喝了啤酒一肚子，当然吃不下主食了。

_____

3. 教室里的光线太暗了，老师写在黑板上的字我看不清楚。

4. 小李肚子疼，今天的运动会参加不了了。

5. 我巴不得能去你家做客呢。

6. 他经常工作到凌晨才回家睡觉。

7. 客厅里放着一台电视机。

8. 我把那几个本子交给了老师。

9. 阿里这个人靠不住，你千万不能相信他。

10. 他喝了一肚子啤酒，当然吃不下主食了。

三、用所给词语，按要求写句子。
（注意句子成分的正确使用）

1. 项链　买（带可能补语的句子）

_____

2. 参观　小时（带时量补语的句子）

_____

参考答案：

1. 这条项链太贵了，我买不起。

2. 这家工厂很大，我们足足参观了三个小时。

请沿虚线折一下

3. 苹果　吃（带动量补语的句子）

_____

4. 材料　交（带介词短语补语的句子）

_____

5. 学费　打听（带动量补语的句子）

_____

6. 电影　遍（带动量补语的句子）

_____

7. 小李　出生（带介词短语补语的句子）

_____

8. 学　第 15 课（带介词短语补语的句子）

_____

9. 等　半个小时（带时量补语的句子）

_____

10. 车　进去（带可能补语的句子）

_____

3. 这个苹果很酸，她吃了一口就不想吃了。

4. 我已经把复习材料交给老师了。

5. 你能帮我打听一下学费是多少吗？

6. 这部电影拍得太好了，我都看了三遍了。

7. 小李出生于 1988 年 5 月。

8. 我们的口语课已经学到第 15 课了。

9. 我等了他半个小时，他才来。

10. 这个门有点儿小，车开得进去开不进去？／这个门有点儿小，车开得进去吗？

请沿虚线折一下

星 期 二

特殊句式（一）和数量词重叠

前面，我们一起分析了句子的六种成分：主语、谓语、宾语、定语、状语、补语。其基本结构是这样的：

（定语）主语 ＋ ［状语］ 谓语 ＜补语＞ ＋ （定语）宾语
（我的）朋友 ［刚来北京就］ 喜欢 ＜上了＞ （北京）烤鸭。

今天我们开始一起了解一些特殊的句子，它们的组成成分、语序和通常的不太一样，我们把它们称为"特殊句式"。下面，我们就一起来研究一下那些不太符合上面基本结构的句式吧。

考点解析

连动句、兼语句、存现句及数量词重叠

一、特殊句式

特殊句式特殊在哪里？和我们前面学过的基本句式有哪些不同之处？现在我们来一一了解一下。

（一）连动句

1. 两个或两个以上的动词或动词短语连用做谓语，并且有一个共同的主语，这样的句子就是连动句。

例：他 去 邮局 寄 包裹。

你 有 权利 发表 意见。

2. 两个动词（动词 1 和动词 2）的关系

    1）两个动作依次发生。

    例：他　去　学校　上课。

        他　打开　门　进　了　教室。

    2）动词 2 是动词 1 的目的。

    例：我　去　医院　看病。

        我　回　家　取　词典。

    3）动词 1 表示动词 2 的方式。

    例：我　坐　飞机　来　中国。

        他们　用　日语　聊天儿。

3. 语法特点

    1）动词 1 和动词 2 的顺序不能变。

    例：今天我　骑　自行车　来　学校。（今天我来学校骑自行车。×）

    2）"了"要放在动词 2 后面或句尾。

    例：我　去　超市　买　了　一个本子。（我去了超市买一个本子。×）

        他们　坐　飞机　去　上海　了。

    3）状语一般放在动词 1 前面。

    例：我［跟朋友一起］去　商店　买　礼物。

（二）兼语句

1. 兼语句是由一个动宾结构和一个主谓结构套在一起构成的，前一个动词的宾语兼做后一个动词的主语。

    例：老师让同学们交作业。

        他的话使我非常生气。

2. 兼语句中的动词1一般分为以下几类：

    1）表使令意义，如：使、让、叫、派、请、邀请、令、逼、命令、强迫、吩咐、打发、要求。

    例：我们请小李唱支歌好吗？

他邀请李老师出席此次会议。

2）表称谓、认定意义，如"叫、称、认、拜、选、推选"等。此时，动词2常是"当、做、为"等。

例：同学们一致选小王当代表。

他拜李先生为师父。

3）用"有、是"做动词1。

例：他有个中国朋友叫李鹏。

是他救了我的命。

（三）存现句

1. 存现句是表示在什么地方、什么时间，存在、出现、消失了什么人或事物的句子，常用"处所词/时间词＋是/有/其他动词＋表人或事物的词或短语"的形式。

例：桌子上有几个苹果。

1919年中国发生了"五四"运动。

2. 语法特点

1）句首一般是处所词或时间词。

例：前边开来一辆汽车。

海面上升起了一轮红日。

昨天来了几个客人。

2）句中谓语动词后一般要有动态助词"着、了、过"或结果补语、趋向补语等。

例：他们班昨天转走了一个学生。

石碑上刻着几个醒目的大字。

3）句末的词或短语一般不是确指的，而且前边常有数量词或其他定语。

例：门口停着一辆汽车。

商场里摆放着各种各样的商品。

二、数量词重叠

前几天我们学习了数词和量词，数量词和动词、形容词一样具有可重叠的性质，不同的重叠形式可以在句中表达不同的意义。

（一）AA 式

1. 名量词这样重叠表达的意义为：

1）表示"都、没有例外"，包括一些具有量词用法的名词，如：天天、月月、年年、家家、户户、人人。一般在句中做主语或主语的定语，不能做宾语的定语。"天天、月月、年年"等可以在句中做状语。

例：这些留学生个个都是"中国通"。

春节的时候，家家户户贴春联、放鞭炮。

他的话打动了人人的心。（×）

他天天锻炼身体。

2）"重、层"等量词重叠，表示"一重（层）又一重（层）"的意思，可做定语或状语。

例：敌人重重包围，但是战士们最终胜利突围。

2. 动量词这样重叠，表示"没有例外"或"很多"，一般做句子的主语。

例：去唱卡拉OK，回回都少不了你。（没有例外）

要下雨了，刮起了阵阵狂风。（很多）

3. 数词"一"可以重叠，表示"逐一"的意思，做状语。

例：我会把那里的情况一一向大家汇报。

老师一一回答学生的问题。

（二）"一＋量词（＋一）＋量词"式

做定语，一般用于描写，后面可加"的"，表示"很多……"。

例：一张张可爱的笑脸，在老师心里留下了难忘的记忆。

（三）"数词＋量词＋数词＋量词"式

用在动词前面，表示动作的方式。

例：他一笔一笔认真地写着生字。

同学们两个两个地走进会场。

考题实战

一、完成句子。

1. 名著　书架上　一排　摆着　世界文学

　　　　　　　　　　　　　　　　　　。

2. 我们　互相学习　老师　常常　让

　　　　　　　　　　　　　　　　　　。

3. 我　去　超市　跟家人一起　东西　买

　　　　　　　　　　　　　　　　　　。

4. 他　我们　请　做客　去他家

　　　　　　　　　　　　　　　　　　。

5. 白色　几个人　教学楼里　走　出来

　　　　　　　　　　　　　　　　　　。

6. 最近　迟到　上课　有人　天天

　　　　　　　　　　　　　　　　　　。

7. 两个两个地　淘汰赛　选手们　进行

　　　　　　　　　　　　　　　　　　。

8. 生词　一个一个地　要　记　太着急
　　不能

　　　　　　　　　　　　　　　　　　。

9. 傍晚　我们　聊天　坐在　葡萄架下

　　　　　　　　　　　　　　　　　　。

10. 从我家　要　40分钟　到学校　坐车

　　　　　　　　　　　　　　　　　　。

参考答案：

1. 书架上摆着一排世界文学名著。

2. 老师常常让我们互相学习。

3. 我跟家人一起去超市买东西。

4. 他请我们去他家做客。

5. 白色教学楼里走出来几个人。

6. 最近天天有人上课迟到。／有人最近天天上课迟到。

7. 选手们两个两个地进行淘汰赛。

8. 生词要一个一个地记，不能太着急。

9. 傍晚我们坐在葡萄架下聊天。

10. 从我家到学校坐车要40分钟。／从我家坐车到学校要40分钟。

请沿虚线折一下

二、请结合下列词语（要全部使用，顺序不分先后），写一篇 80 字左右的短文。

1. 理想　指挥家　艺术　获奖　影响

_____

_____

_____

_____

_____

_____

_____

_____

_____

_____

_____

_____

请沿虚线折一下

2. 生日　图书大厦　画册　法国　惊喜

_____

_____

_____

_____

_____

_____

_____

_____

_____

_____

提示与答案：

1) 把所给词语从意思上联系在一起。
   我去图书大厦——朋友过生日——在法国留学——送给她一本画册——给她一个惊喜

2) 对上面各项内容提出问题，寻找自己需要的材料。
   我去图书大厦：为什么去？怎么去？去做什么？
   朋友过生日：什么样的朋友？多少岁的生日？怎么过生日？
   在法国留学：什么时候去的？多长时间了？学习什么专业？
   送给她一本画册：什么样的画册？为什么要送画册？
   给她一个惊喜：为什么她会感到惊喜？惊喜过后会怎样？

3) 进行想象，安排事情发展的顺序和过程，扩展成完整的一件事，书写短文。

   我最近很忙，一直没有机会出去买东西。这个周末我打算去一趟西单图书大厦，买几本工具书，顺便给朋友选一件生日礼物。朋友在法国的一所音乐学院留学，我要送给她一本有关中国京剧的画册，这份有中国艺术特色的生日礼物，一定能给她一个惊喜。

◆ 生词

名著 míngzhù（名）	masterpiece; famous book 명작 名著	
书架 shūjià（名）	bookshelf; bookcase 책꽂이 本棚	
摆 bǎi（动）	put; place 놓다 並べる，置く	
淘汰 táotài（动）	eliminate sb from a competition; knock out 탈락하다 失格させる，淘汰する	
选手 xuǎnshǒu（名）	athlete; player 선수 選手	
理想 lǐxiǎng（名）	ideal 이상 理想	
指挥家 zhǐhuījiā（名）	conductor 지휘자 指揮者，コンダクター	
艺术节 yìshùjié（名）	art festival 예술제 芸術祭	
梦想 mèngxiǎng（名）	dream; cherished desire 꿈 夢想	

画册 huàcè（名）	picture album 화집 画集
惊喜 jīngxǐ（名）	pleasant surprise 깜짝 선물, 놀라움과 기쁨 驚喜
顺便 shùnbiàn（副）	conveniently; in passing …하는 김에 ついでに
所 suǒ（量）	[used for school, college, hospital, etc] （학교, 병원 따위를 세는 단위） （学校，病院などを数える）
京剧 jīngjù（名）	Beijing opera 경극 京劇
特色 tèsè（名）	characteristic; special feature 특색 特色，特徴

复习与练习

一、选择填空。

（一）选择适当的量词重叠形式填空。

阵阵　个个　年年　天天　次次

1. 天气一（　　　）暖和起来了。

2. 这些年轻人（　　　）都很有出息。

3. 台下响起一（　　　）雷鸣般的掌声。

4. 这个工厂（　　　）都超额完成生产任务。

5. 我们出去吃饭（　　　）都少不了他，可他从不买单。

（二）选择句中数量词重叠的意义。

A 表示方式　　B 表示很多

C 表示没有例外　　D 逐一

1. 整个夏天，大雨一场一场下个不停。

（　　　）

2. 孩子们个个聪明可爱。　　（　　　）

3. 老师把这几首诗词一一做了详细解释。

（　　　）

4. 湖里盛开着一朵朵荷花，美丽极了。

（　　　）

5. 护士一勺一勺地把饭喂到病人嘴里。

（　　　）

二、按要求改写句子。

1. 他为游览八达岭长城来北京。（改成连动句）

_____

请沿虚线折一下

2. 我买了一辆汽车，花了二十几万。（改成连动句）

_____

3. 白云在蓝蓝的天空中飘着。（改成存现句）

_____

4. 各种各样的书摆了一桌子。（改成存现句）

_____

5. 同学们说："你当我们的班长吧。"（改成用"选"的兼语句）

_____

6. 因为改革开放，中国逐渐富强起来。（改成用"使"的兼语句）

_____

7. 我忘了带昨天的作业，所以我要回一趟家。（改成目的关系的连动句）

_____

8. ——你是怎么来中国的？——坐飞机。（将答句改成方式关系的连动句）

_____

9. 一个人从后面跑过来。（改成存现句）

_____

10. ——公司派谁去谈判？——有能力的人。（改成兼语句）

_____

2. 我花二十几万买了一辆汽车。

3. 蓝蓝的天空中飘着白云。

4. 桌子上摆着各种各样的书。

5. 同学们选他当班长。

6. 改革开放使中国逐渐富强起来。

7. 我要回一趟家取昨天的作业。

8. 我是坐飞机来中国的。

9. 后面跑过来一个人。

10. 公司派有能力的人去谈判。

请沿虚线折一下

三、扩写句子。

1. 朋友们给我过生日。

　　_____

2. 我在中国留学。

　　_____

3. 在沙发上睡觉。

　　_____

4. 汽车在公路上行驶。

　　_____

5. 我去旅游。

　　_____

6. 朋友等我。

　　_____

7. 他打电话。

　　_____

8. 桌子上有咖啡。

　　_____

9. 旅行包在椅子上。

　　_____

10. 两个人在谈话。

　　_____

参考答案：

1. 朋友们在饭店给我过了一个难忘的生日。

2. 我从 2012 年开始在中国北京留学。

3. 小狗趴在沙发上美美地睡了一觉。

4. 一辆运送救灾物资的汽车在公路上飞快地行驶。

5. 假期我打算去内蒙古旅游。

6. 朋友现在正在肯德基等我呢。

7. 他给女朋友打了一个小时的电话。

8. 旁边的桌子上有杯刚刚煮好的咖啡。

9. 一个旅行包歪歪斜斜地放在椅子上。

10. 教室里两个人正在认真地谈话。

星 期 三

特殊句式（二）和时间表示法

今天我们继续学习特殊句式，这一类句式含有"把、被、使、连"等特定词语，分别叫作"把"字句、"被"字句、"使"字句和"连"字句，我们一一了解一下吧。

考点解析

"把"字句、"被"字句、"使"字句、"连"字句句式分析及时间表示法

一、特殊句式

（一）"把"字句

"把"字句是指用介词"把"将动词支配的成分提到动词前边的一种句式。它的基本结构是这样的：

主语（施事）＋把＋宾语（受事）＋动词＋其他

例：老师 把 门   打 开了。

什么时候用"把"字句呢？

我们说，只有强调施事主语对受事宾语进行处置，使它产生某种结果、发生某种变化或处于某种状态时，才用"把"字句。

"老师把门打开了"强调的是对门做了"打"的动作后，门产生的结果是"开"。如果只是一般性的说明，我们只要说"老师打开门"就可以了，不需要用"把"字句。

那么，在"把"字句中，各个成分之间是什么关系？又有哪些要求、限制呢？

1.句子的主语是动作的发出者。

例：老师把门打开了。（"打"的动作是主语"老师"做的。）

2. "把"字后面的宾语，必须是确指的，而且前面常有定语。

例：请把那本书拿来。　　　请把一本书拿来。（×）

我已经把这两本书都看完了。

3. "把"字句的谓语动词必须是及物动词，能影响和支配"把"字后的宾语。以下动词不能做"把"字句的谓语：

"是、有、在"等判断动词和存现动词；"喜欢、讨厌、知道、认识、认为、觉得"等心理、感觉动词；"上、下、进、出、过"等趋向动词。

4. 有能愿动词、副词、时间词时，这些词要放在"把"字的前边，而不放在动词前边。

例：上午要把今天的任务分配一下。

他已经把这周的工作安排好了。

5. 谓语动词前边有时加"给"来强调这一动作，此时"给"没有实际意义。

例：你怎么把这么重要的事给忘了？

6. "把"字句里的谓语动词不能单独使用，要有其他成分才行，"其他成分"可以是以下几类：

1）结果补语、情态补语、趋向补语、时量补语、动量补语

例：你把计划定好了吗？（结果补语）

这件事把他气得吃不下饭、睡不着觉。（情态补语）

我把你要的那本书带来了。（趋向补语）

她把出发时间提前了一小时。（时量补语）

他把试卷检查了一遍，才交给老师。（动量补语）

可能补语不能用于"把"字句，因为它们表示的是出现某种结果的可能性，而不是动作的结果。

例：我把这个句子听得懂。（×）

我听得懂这个句子。　　　这个句子我听得懂。

2）动词重叠，有"A—A、A了A、ABAB、A一下、AB一下"等形式。

例：你把房间打扫打扫吧。

我把学过的生词又看了看。

3）"把"字句动词后有时加"了、着"。"把"字句动词后只用"了"时，动词应为表示动作一旦发生就会有结果的动词，如"丢、脱、拆、倒、扔、吃、喝"等。动词后只用"着"时，多为祈使句，动词有"带、背、拿、摆、举、开"等。

例：他把钱包丢了。

他把厨房里的垃圾倒了。

别忘了把相机带着。

4）由"在、到"等构成的介词短语补语，一般要用"把"字句，表示宾语的位置、时间的变化。

例：他们把婚礼的时间定在五月中旬。

她把画贴在墙上。

服务员把酒送到客人面前。

（二）"被"字句

"被"字句是指用介词"被"构成的表示被动意义的一种句式。它的基本结构是这样的：

主语（受事）＋被＋宾语（施事）＋动词＋其他

例：　门　　　　被　老师　　　　　打　开了。

"被"字句一般用来强调受事主语被动地受到施事宾语的处置，产生了某种变化和结果。

1. "被"字句和"把"字句在结构上的联系：

1）和"把"字句相反，"被"字句中施事者处于宾语位置，受事者处于主语位置。

例：他被那家大公司录取了。

房间被我打扫干净了。

2）与"把"字句类似，"被"字句中"被"后面的动词要具有处置意义；"被"字句的主语必须是确指的；谓语动词不能单独使用，必须要有其他成分；能愿动词和否定词要放在"被"前边；动词前可加表示强调语气的"给"。

例：这个技术被应用到很多领域。

他不会被困难吓倒的。

这张桌子已经被别人（给）预订了。

2. 口语中也常用"让、叫"代替"被"，引进动作的施事。

但"被"后面的施事宾语可以不出现，而"让、叫"后的施事宾语不能省略。

例：我的钢笔被（他）摔坏了。

门让风吹开了。　　门叫风吹开了。

3. "被"字句常用于不如意、不愉快的事情，特别是在口语中。

　　例：他被敌人抓住了。

　　　　我没带雨伞，被雨淋湿了。

4. 由"被"构成的表示被动意义的短语可在句中做定语。

　　例：被公司录取的员工都将得到高薪。

　　　　被老师点名的同学去办公室。

5. "被/为"+名词+"所"+动词（表示正面意义），一般用于书面表达形式。

　　例：他见义勇为的行为被（为）大家所称道。

　　　　万里长城为世人所瞩目。

（三）"使"字句

　　"使"字句是指用"使"引出受事宾语的句子。它的基本结构是这样的：

　　　　主语（施事）+使+宾语（受事）+动词/形容词

　　例：　这件事　　　使　人们　　　　　感到意外。

　　"使"字句表示由于施事主语而让受事宾语产生了后面的动作、状态，"使"也可用"令、让、叫"等。

　　例：他对这件事的处理真令人失望。

　　　　大卫的勇气很让同学们佩服。

（四）"连"字句

　　"连"字句是指用表示强调的介词"连"跟副词"都、也"前后呼应的一种句式。它的基本结构是这样的：

　　　　连+主语 +都/也+动词短语

　　例：连　小孩子　都　　懂这个道理。

　　"连"字句意义上的最大特点是隐含着比较和强调的意思。例如，"连小孩子都懂这个道理"意思是"小孩子懂，大人当然更懂"。

　　"连"后的主语可以是名词、动词、数量词、小句。

　　名词：连山上都盖上了楼房。

　　动词：这样的事情，我连听都没听说过。（常用否定形式）

　　　　　她已经18岁了，连衣服都不会洗。

　　数量词：这个月他连一天都没休息过。（常用否定形式）

他连一杯啤酒也没喝完。

小句：我连他住在哪里都不知道。（小句由疑问代词或不定数词构成）

我连这苹果多少钱一斤也不知道，怎么算？

二、时间表示法

时间词我们每天都会用到，那么，汉语中的时间表示方法你都会吗？时间表示法可以分为时间点表示法和时间段表示法，让我们一起分别看一下吧。

（一）时间点表示法

1. "天、星期、月、年、世纪"等的表达方式

大前天——前天——昨天——今天——明天——后天——大后天

上个星期——这个星期——下个星期

上个月——这个月——下个月

前年——去年——今年——明年——后年

上个世纪——这个世纪——下个世纪

凌晨——早上——上午——中午——下午——傍晚——晚上——夜里——半夜

例：我是去年来北京的。

2. 点钟的表达方式

一点、两点整、三点零四分、五点十分、六点一刻、差五分七点、差一刻八点、九点半、十点三刻、十一点四十、十二点五十

例：我们每天早上八点（8：00）上课。

（二）时间段表示法

一秒钟、一分钟、一刻钟、半（个）小时、一个小时（钟头）、一个半小时、两天、两个星期、三周、四个月、五年、六个世纪、一（个）上午、一（个）晚上、一（个）学期

例：我来中国已经两年了。

（三）需要注意的几点

1. "一月、二月、三月"表示某一月份，是时间点。

例：我是二月来北京的。

"一个月、两个月"表示一段时间，是时间段。

例：我在北京住了两个月了。

2."小时"是名词兼量词，可以说"一个小时"，也可以说"一小时"。

例：我坐了一（个）小时汽车。

"钟头"只是名词，"个"不能省略，且一般用于口语。

例：他看了两个钟头的电影。

3."左右"既可放在时间点后，也可以放在时间段后。

例：五点左右、五个小时左右

"前后"只可放在时间点之后。

例：五点前后、春节前后、圣诞节前后

4."半"可以用于时间点，也可用于时间段。

例：一点半、十二点半

一个半小时、两个半月

（四）疑问形式

时间点的提问方式：什么时候……？什么时间……？几点……？

例：——你们几点放学？——五点半。

时间段的提问方式：……多长时间？……多少时间？……多久了？

例：——你从家到学校用了多少时间？——一个半小时。

——你来中国多久了？——三年了。

（五）语序问题

1.几个时间词语同时使用的时候，按从大到小的顺序排列。

（年→月→日→小时→分钟→秒）

例：北京奥运会开幕式于2008年8月8日晚上8点举行。

这场比赛进行了两小时二十分钟。

2.时间点词语经常用在动词前，做状语，表示动作在某个时间发生。

例：他每个周末都来这里打工。

他第二天一早就离开了学校。

3.时间段词语一般用在动词后面，做时量补语，表示动作持续的时间。

例：她走了三天，终于到达了目的地。

我游泳游了两个小时。

考题实战

一、完成句子。

1. 爷爷 手机 拿到 把 哪儿去了

_____?

2. 完好地 那些文物 被 保存下来 了

_____。

3. 客厅 非常 干净 被 大家 打扫得

_____。

4. 被 北京大学 他 终于 录取了

_____。

5. 他 自行车钥匙 把 不小心
忘在家里了

_____。

6. 一致 称赞 被 大家 他的文章

_____。

7. 连 这个问题 三岁的小孩 能回答 都

_____。

8. 他 去了 一趟 广州 十月 去年

_____。

9. 昨天 发生了 一起 交通事故
凌晨四点

_____。

10. 我 使 老师的批评 认识到了
自己的错误

_____。

参考答案：

1. 爷爷把手机拿到哪儿去了？

2. 那些文物被完好地保存下来了。

3. 客厅被大家打扫得非常干净。

4. 他终于被北京大学录取了。

5. 他不小心把自行车钥匙忘在家里了。

6. 他的文章被大家一致称赞。

7. 这个问题连三岁的小孩都能回答。

8. 他去年十月去了一趟广州。／去年十月他去了一趟广州。

9. 昨天凌晨四点发生了一起交通事故。

10. 老师的批评使我认识到了自己的错误。

二、请结合下列词语（要全部使用，顺序不分先后），写一篇80字左右的短文。

1.礼物　客人　拿手菜　重逢　把

_____

_____

_____

_____

_____

_____

_____

_____

_____

_____

_____

提示与答案：

1）把所给词语从意思上联系在一起。

来了一位客人——带着礼物——把礼物给我们——做拿手菜——庆祝重逢

2）对上面各项内容提出问题，寻找自己需要的材料。

来了一位客人：男的还是女的？外貌怎样？是谁的客人？主人的态度怎样？

带着礼物：什么礼物？是给谁的？

把礼物给我们：我们的反应是怎样的？

做拿手菜：谁做？拿手菜是什么？

庆祝重逢：怎么庆祝？大家的心情如何？

3）进行想象，安排事情发展的顺序和过程，扩展成完整的一件事，书写短文。

　　有一天，家里来了一位客人，他是爸爸的老同学，我们热情地欢迎他。他很和气，还带了一瓶红酒和一张他们学校的纪念光盘作为礼物。他把光盘给爸爸，爸爸非常开心，爸爸妈妈准备了他们的拿手菜——红烧排骨和糖醋鱼，来庆祝老朋友重逢。我们一起干杯，大家都很快乐。

请沿虚线折一下

2. 毕业　远方　告别　理想　气氛

_____

_____

_____

_____

_____

_____

_____

_____

_____

_____

提示与答案：

1) 把所给词语从意思上联系在一起。
即将毕业——为了理想——告别同学——去往远方——不舍的气氛

2) 对上面各项内容提出问题，寻找自己需要的材料。
即将毕业：什么时候毕业？毕业以后的打算是什么？
为了理想：为了什么样的理想？打算如何实现？
告别同学：怎样告别？告别时的心情如何？
去往远方：什么地方？为什么去那里？以后会怎样？
不舍的气氛：毕业时的气氛是怎样的？大家会做哪些事情？心情怎样？

3) 进行想象，安排事情发展的顺序和过程，扩展成完整的一件事，书写短文。

　　六月是告别的季节。我们即将大学毕业，为了各自的理想，我们将要告别学校、老师和同学，走上不同的工作岗位，有的还要去往远方。校园里充满着依依不舍的气氛。我们一起吃饭，合影留念，祝福彼此，希望我们都能有个美好的未来。

请沿虚线折一下

◆ **生词**

完好	wánhǎo（形）	in good/mint condition 완벽하다 完全で良好である
文物	wénwù（名）	cultural relic 문화재 文化財, 文物
保存	bǎocún（动）	preserve; keep 보존하다 保存する
录取	lùqǔ（动）	enrol; recruit 합격하다 採用する
一致	yízhì（副）	together 만장일치 一斉に
事故	shìgù（名）	accident 사고 事故
凌晨	língchén（名）	early morning 새벽 夜明け
拿手菜	náshǒucài（名）	one's recipe; signature dish 가장 잘하는 요리 自慢の料理
重逢	chóngféng（动）	(after a long separation) meet again 재회하다 再会する

和气　héqi（形）
gentle; friendly
서분서분하다
穏やかである，仲がよい

红烧排骨　hóngshāo páigǔ
pork ribs braised in soy sauce
갈비찜
スペアリブのしょう油煮込み

糖醋鱼　tángcù yú
fish in sweet-and-sour sauce
생선 탕수요리
魚の甘酢あんかけ

告别　gàobié（动）
bid farewell to; say goodbye to
작별인사를 하다
別れを告げる

气氛　qìfēn（名）
atmosphere
분위기
雰囲気，気分

即将　jíjiāng（副）
soon; about (to do sth)
곧
まもなく～しようとしている

岗位　gǎngwèi（名）
post; position
직장
職場

依依不舍　yīyī-bùshě
be reluctant to part
헤어지기 서운해하다, 섭섭하다
名残惜しい

复习与练习

一、选择填空。

把　被　使　连　让　为……所……

1.他（　　）汽车停在楼下。

2.小王（　　）大家选做班长。

3.你都是大学生了，怎么（　　）信都不会写？

4.她的这番话（　　）我非常感动。

5.这些科学家（　　）自己的有生之年都献给了中国航天事业。

6.这幅画作（　　）认为是18世纪的经典之作。

7.这堂课很有意思，（　　）我们学到了很多有用的知识。

8.到苏州游览过的人都会（　　）那里美丽的景色所吸引。

9.住房问题（　　）广大群众（　　）关心。

10.你打算（　　）你们的结婚照挂在什么地方？

二、按要求改写句子。

1.收拾一下房间。（把）

_____

请沿虚线折一下

2. 这个字很难，老师不认识，留学生更不认识。（连）

_____

3. 这两个问题我终于弄明白了。（把）

_____

4. 这两个问题我终于弄明白了。（被）

_____

5. 我从图书馆借了一本书。（把）

_____

6. 教室里根本就没有人。（连）

_____

7. 因为这件事，我明白了一个道理。（使）

_____

8. 老师又表扬他了。（被）

_____

9. 雨把衣服淋湿了。（让）

_____

10. 足球被孩子拿到外边玩耍去了。（把）

_____

三、用所给词语完成句子。

1. 动物　被

_____

2. 朋友　地球

_____

2. 这个字很难，连老师都不认识，留学生更不认识了。

3. 我终于把这两个问题弄明白了。

4. 这两个问题终于被我弄明白了。

5. 我把这本书从图书馆借出来了。

6. 教室里连一个人都没有。

7. 这件事使我明白了一个道理。

8. 他又被老师表扬了。

9. 衣服让雨淋湿了。

10. 孩子把足球拿到外边玩耍去了。

参考答案：
1. 很多珍贵的野生动物被无情地杀害了。
2. 动物是人类的朋友，我们应该和动物和平地生活在地球上。

3. 主人　招待

_____

4. 大使馆　签证

_____

5. 包裹单　领取

_____

6. 流行　外套

_____

7. 出差　照顾

_____

8. 预订　客满

_____

9. 阳台　景色

_____

3. 在你的国家，主人一般是怎样招待客人的呢？

4. 我要去大使馆办理签证延期的手续。

5. 邮递员送来了一张包裹单，我要去邮局领取我的包裹。

6. 这种颜色的外套今年很流行，你也买一件吧。

7. 妈妈住院了，爸爸出差了，周末我要去医院照顾妈妈。

8. 如果您没有预订的话就得多等一会儿了，现在已经客满了。

9. 站在阳台上，能欣赏到远处优美的景色。

请沿虚线折一下

星 期 四

特殊句式（三）和副词（一）

生活中，常常会听到有人问你"哪个东西更好""谁的水平更高""哪儿的菜更好吃"等等，这时，我们便会遇到另一种特殊句式了，这就是"比较句"。

今天的词语部分，我们一起来了解一下副词。

考点解析

比较句及副词

一、比较句

比较句有的用"比"字，有的不用"比"字，我们分别来看一下。

（一）用"比"字的比较句

1. 基本结构：A 比 B＋谓语

　　例：这件衣服比那件（衣服）便宜。

2. 具体结构

　　A 比 B＋形容词＋多了／得多，表示差别大。

　　例：小李比小王高多了。　小李比小王高得多。

　　A 比 B＋形容词＋一点儿／一些，表示差别小。

　　例：今天比昨天冷一点儿。　今天比昨天冷一些。

　　A 比 B＋差远了，表示差别大，A 比不上 B。

　　例：这个城市的空气质量比海南差远了。

A 比 B + 更 / 更加 / 还 + 形容词，表示程度更进一步。

例：第三课比第一课更难。　第三课比第一课还难。

A 比 B + 形容词 / 动词 + 数量短语，表示数量上的具体差别。

例：我的成绩比他高 5 分。

我比他早来半小时。

这个月比上个月少挣 1000 块钱。

3. 在这种句式中，形容词不能重叠，前面不能有表示程度的副词。"也、都、一直、总是"等副词都放在"比"字前面。

例：这道菜比那道菜很好吃。（×）

小王总是比小李考得好。

小李的个子一直比小张高。

4. 动词带宾语时，要重复动词或将宾语提前再进行比较，"比"字后面重复的部分可省略。

例：我骑自行车骑得比你（骑自行车骑得）快。

我自行车骑得比你（自行车骑得）快多了。

5. "一……比一……"结构：

一 + 量词 + 比一 + 量词 + 形容词，表示"越来越……"或者"每一个都……"的意思。

例：冬天快到了，天气一天比一天冷。（越来越冷）

这家商场里的商品一件比一件精致，一件比一件贵。（每一件都精致、贵）

6. 否定形式：

1)"没有、不如"，后面一般是有积极意义的形容词，如"漂亮、快、好、长、便宜、容易、多、高、重"等。

例：这件衣服不如那件漂亮。

这件衣服不如那件难看。（×）

我的房间没有你的大。

我的房间没有你的小。（×）

当比较内容明确时，"不如"后边的形容词可省略。

例：这次（的成绩）不如上次（好）。

2)"不比",对形容词没有积极或消极的要求。用"不比"否定,经常含有辩驳的语气。

　　例:我不比他笨,怎么考试考得不如他?

　　　　我跑得不比他慢,为什么不能参加比赛?

　　"不比"的形容词后可以加"多少",表示两者之间差别不大。

　　例:这里衣服的价格不比商场便宜多少。(商场的很贵,这里的也很贵)

　　　　今天不比昨天暖和多少。(昨天冷,今天也冷)

7. 其他一些表示比较的固定形式:

　　……和……相比、……跟……比起来、……比起……来

　　例:和小李相比,小王的经验更丰富一些。

　　　　跟小马比起来,我还差得远呢。

(二)不用"比"字的比较句

1. 用"有"表示达到某种标准或程度。否定形式用"没有"。

　　基本结构:A+ 有 +B（+ 这么 / 那么）+ 形容词

　　例:这孩子已经有爸爸那么高了。

　　　　这棵树有三层楼那么高。

　　　　弟弟没有哥哥高。

2. 用"A + 跟 / 和 / 同 / 与 + B + (不) 一样"表示比较。

　　例:儿子已经跟父亲一样高了。

　　　　她跟我妹妹一样大。

　　　　我的口味跟他不一样,我不喜欢吃辣的。

　　"一样"前面可以用表示程度的词语如"差不多、几乎、不太、完全"等来修饰。

　　例:他的汉语水平跟我差不多一样。

　　　　这两幅画儿完全一样。

3. 用"像"表示比较。否定形式用"不像"。

　　基本结构:A+ 像 +B+（一样 / 这样 / 那样）这么 / 那么 + 谓词性词语

例：他像他爸爸一样聪明能干。

他不像你这么有爱心。

4. 其他一些表示比较的固定形式：

1）……于：大于、小于、高于、低于、胜于、强于、落后于

例：北京大学今年的录取分数线高于去年。

你的水平其实远胜于他。

2）……过：胜过、赛过

例：我觉得这里的风景胜过很多著名景点。

3）……似：胜似、深似、恰似

例：老马对他来说不是亲人，胜似亲人。

二、副词

副词是用在动词、形容词前面起修饰、限定作用的词。常用来说明动作行为或性质状态的时间、范围、程度、频率、肯定、否定等情况。副词是汉语词汇里比较复杂的一类词，今天我们先来看看副词都有哪些种类，以及副词的主要用法。

（一）副词的分类

1. 时间副词，如：

将要、即将、快要、正、正在、已经、曾经、才、就、刚、刚刚、立即、立刻、马上、向来、从来、历来、一向、一直、一度、一贯、始终、一时、临时、时时、顿时、不时、随时、及时、按时、偶尔、总是、好久、永远、突然、忽然、先后

2. 范围副词，如：

都、全、统统、通通、一概、一律、共、一共、总共、一起、一齐、一同、一块儿、一道、到处、处处、净、光、就、只、单、单单、仅、仅仅、唯独

3. 程度副词，如：

很、太、颇、挺、够、满、怪、好、可、真、最、顶、极其、极、非常、特别、十分、万分、格外、分外、相当、比较、更、更加、多么、越加、越发、愈加、略微、稍稍、稍微

4. 频率副词，如：

再、又、还、也、重、一再、再三、反复、屡次、屡屡、频频、常、常常、经常、时常、往往、不断

5. 情态副词，如：

渐渐、逐渐、逐步、猛然、悄然、毅然、依然、依旧、仍然、仍旧、亲自、亲身、亲手、百般、大肆、特地、特意、专程、专门、互相、相互

6. 语气副词，如：

可、却、则、倒、竟然、居然、竟、果然、果真、到底、究竟、毕竟、终究、终于、偏、偏偏、简直、根本、反正、恐怕、也许、大约、大概、几乎、差点儿、明明、分明、幸亏、幸好、好在、难道、难怪、怪不得、何尝、未尝、何必、何苦、干脆、索性、千万、万万、的确、确实

7. 肯定、否定副词，如：

不、没、没有、别、不要、未必、从未、未曾、不曾、一定、肯定、准、必然、必定、无非、无不

（二）副词的主要用法

1. 副词主要放在句中主语后面、谓语前面做状语，说明动作或状态的时间、范围、程度、频率、情态、语气、肯定、否定等情况。

例：服务热线电话一直占线。（时间）

他仍然那么年轻。（情态）

2. 程度副词一般放在形容词或表示心理活动的动词前面。

例：秋天的北京更加美丽了。

他十分喜欢中国电影。

3. 副词也可以放在代替动词或形容词的代词前面。

例：他知道错了，以后不会再那样了。

今天风真大，北京的春天常常这样。

4. 句中有介词结构时，副词一般放在介词结构前面。

　　例：我下午又给妈妈打了个电话。

　　　　我已经跟他见过面了。

5. 表示时间、范围、频率的副词可以放在做谓语的名词、数量词前面。

　　例：他都八级了，我才六级，差得太远了。

　　　　时间过得真快，又星期六了。

6. 有些范围副词也可以放在做主语的名词前面，如"就、光、唯独、单、单单、仅"等。

　　例：我们都知道，就你一个人不知道。

　　　　大家都反对，唯独他一个人同意。

7. "就、仅仅"等范围副词可直接放在数量词前面。

　　例：我们班仅仅三个女生。

　　　　他就 100 块钱了。

8. 有些副词可以和否定副词"不、没（有）"一起使用。

　　1）时间、语气、情态副词一般放在"不、没（有）"的前面。

　　例：他一直不愿意把这件事告诉家人。

　　　　我简直不敢相信这些事是真的。

　　2）有的副词只能放在"不、没（有）"的后面，如"一起、光、曾"等。

　　例：我们不一起去，他先过去。

　　　　这件事不光他一个人知道。

　　3）有些副词前后都可以加否定副词，但意义不同，如"全、都、很、一定"等。

　　例：我们都不喜欢这部电影。（全部不喜欢）　我们不都喜欢这部电影。（部分不喜欢）

　　　　他学习很不努力。（程度高）　　　　　　他学习不很努力。（程度低）

　　4）有些副词后面常常或必须跟"不、没（有）"，如"并、从来、万万、根本"等，形成"并不、并没有、从来不、从来没有、万万不、万万没想到、根本不、根本没有"等结构。

　　例：我根本没想到他是这样的人。

　　　　我这个人从来不骗人。

考题实战

一、完成句子。

1. 小张的字　小李的　写得　比　漂亮

_____。

2. 说汉语　比我　说得　阿里　流利得多

_____。

3. 水平　远远不如　你的　羽毛球　他

_____。

4. 这次考试的　差不多　上次　难度　跟

_____。

5. 和　他爸爸　身高　差不多　这个孩子的

_____。

6. 妈妈　确实　比去年　多了不少
头上的白头发

_____。

7. 那样　并非　像你想象的　这道题　复杂

_____。

8. 差点儿　他　这次　考试　不及格

_____。

9. 他们　你说的地方　好不容易　找到
才

_____。

10. 这件事的　我　不　根本　知道　经过

_____。

请沿虚线折一下

二、请结合下列词语（要全部使用，顺序不分先后），写一篇 80 字左右的短文。

1. 联欢会　新年　热闹　祝贺　唱歌

_____

_____

_____

_____

_____

_____

_____

_____

_____

_____

提示与答案：

1) 把所给词语从意思上联系在一起。

新年到了——举办联欢会——唱歌——气氛很热闹——互相祝贺

2) 对上面各项内容提出问题，寻找自己需要的材料。

新年到了：哪一年的新年？以前你是怎么过新年的？现在怎么过？

举办联欢会：在哪儿开？什么人参加？都有哪些活动？

唱歌：谁唱歌？唱什么歌？唱得怎么样？

气氛很热闹：除了唱歌，还有什么节目和活动？

互相祝贺：祝贺什么？心情怎样？

3) 进行想象，安排事情发展的顺序和过程，扩展成完整的一件事，书写短文。

2015 年的新年就要到了，今天，学校举办了庆祝新年的联欢会。同学们表演了很多节目，有的唱歌，有的跳舞，还有的演小品，非常精彩，气氛热闹极了。表演结束后，同学们还一起聊天，互相祝贺新年快乐。这真是愉快的一天啊！

2. 招聘　毕业　简历　要求　面试

_____

_____

_____

_____

_____

_____

_____

_____

_____

_____

_____

_____

提示与答案：

1）把所给词语从意思上联系在一起。
大学毕业——招聘信息——公司要求——投简历——参加面试

2）对上面各项内容提出问题，寻找自己需要的材料。
大学毕业：什么时候毕业？从哪个学校毕业？学习什么专业？
招聘信息：从哪里了解招聘信息？
公司要求：公司的职位要求一般包括哪些方面？比如：学历要求、专业要求、能力要求、经验要求……
投简历：简历一般包括哪几方面的内容？
参加面试：什么公司的面试？时间、地点？怎样做才能给人留下好印象？如何回答问题？

3）进行想象，安排事情发展的顺序和过程，扩展成完整的一件事，书写短文。
　　今年就要大学毕业了，我现在正在找工作。我在招聘网站上看了很多招聘信息。有很多职位虽然我的专业比较符合，但要求有工作经验。我根据公司的职位要求投了很多份简历。下周我要去参加一个公司的面试，我要好好准备一下。希望我能找到一份好工作！

请沿虚线折一下

◆ 生词

流利	liúlì（形）	fluent; smooth 유창하다 流暢である
难度	nándù（名）	difficulty 난이도 難しさ
确实	quèshí（副）	really; indeed 확실히, 정말로 確かに
并非	bìngfēi（动）	[used to express slight refutation] be actually not 결코…지 않다/아니다 （強く否定する語）まったく～ではない
联欢会	liánhuānhuì（名）	get-together; party 친목회, 모임 懇親会
祝贺	zhùhè（动）	congratulate sb (on sth) 축하하다 祝賀する，うれしいことのあった相手にお祝いを言う
庆祝	qìngzhù（动）	celebrate 경축하다 慶祝する，（みんなで）祝う
小品	xiǎopǐn（名）	short play 단막극, 토막극 短い芸術作品（演奏，出し物）
招聘	zhāopìn（动）	invite applications for a job; recruit 채용하다 招聘する，募集する

简历 jiǎnlì（名）

résumé

이력서

略歴

面试 miànshì（动）

interview

면접시험

面接試験

投 tóu（动）

send; deliver

넣다，보내다

投げる，送る，届ける

职位 zhíwèi（名）

position; post

직위

（職務上の）地位，役目

学历 xuélì（名）

educational background

학력

学歴

复习与练习

一、选择填空。

比　不比　一样　更　和　不如　像
没有　一……比一……

1. 小张的工作能力（　　　）小王差。

2. 昨天35度，今天36度，今天比昨天
（　　　）热。

3. "长""常"两个汉字读音（　　　），写
法不（　　　）。

4. 王平的体育成绩（　　　）李明差不多。

5. 这个房间（　　　）我的房间宽敞。

6. 我的汉语水平远远（　　　）他。

7. 玛丽学汉语的时间（　　　）麦克长，
却（　　　）麦克说得好。

8. 在人际交往方面,我还（　　　）小李呢。

9. 他的身体情况(　　　)天(　　　)天好,
马上就可以出院了。

10. 我不（　　　）她那么爱打扮自己。

参考答案：

1. 小张的工作能力（不比）小王差。

2. 昨天35度，今天36度，今天比
昨天（更）热。

3. "长""常"两个汉字读音（一样），
写法不（一样）。

4. 王平的体育成绩(和)李明差不多。

5. 这个房间（比、不如、没有、不比）
我的房间宽敞。

6. 我的汉语水平远远（不如）他。

7. 玛丽学汉语的时间（比）麦克长，
却（不如、没有）麦克说得好。/
玛丽学汉语的时间（不如、没有）
麦克长，却（比）麦克说得好。

8. 在人际交往方面，我还（不如）
小李呢。

9. 他的身体情况（一）天（比一）天
好，马上就可以出院了。

10. 我不（像）她那么爱打扮自己。

二、改错句。

1. 这辆车比那辆车很新。

_____

2. 这里的蔬菜品种比我们那里太多。

_____

参考答案：

1. 这辆车比那辆车新很多。

2. 这里的蔬菜品种比我们那里多
多了。

请沿虚线折一下

3. 听说别的国家的情况也这里一样。

_____

4. 这部电影不如那部电影没有意思。

_____

5. 我比他来早半个小时。

_____

6. 今年比去年接待游客的数量多了一倍。

_____

7. 水上公园是挺大挺美的，可颐和园比水上公园最大最美。

_____

8. 中国有些跟我们国家一样节日习俗。

_____

9. 我从来住在北京。

_____

10. 我去了好几次书店，好不容易才没买到这本书。

_____

3. 听说别的国家的情况也跟这里一样。

4. 那部电影不如这部电影有意思。

5. 我比他早来半个小时。

6. 今年接待游客的数量比去年多了一倍。

7. 水上公园是挺大挺美的，可颐和园比水上公园更大更美。

8. 中国有些节日习俗跟我们国家一样。

9. 我一直住在北京。

10. 我去了好几次书店，好不容易才买到这本书。

三、请结合下列词语（要全部使用，顺序不分先后），写一篇80字左右的短文。

1. 包子　美食　便宜　味道　做法

1）把所给词语从意思上联系在一起。

_____

_____

提示与答案：

1.

1）中国的包子——传统美食——价格（不）便宜——味道鲜美——做法独特

2）提出问题，寻找自己需要的材料。

_____

_____

_____

_____

3）扩展成完整的一件事，书写短文。

_____

_____

_____

_____

2. 正月　传统　春节　红包　饺子

1）把所给词语从意思上联系在一起。

_____

_____

2）提出问题，寻找自己需要的材料。

_____

_____

_____

_____

3）扩展成完整的一件事，书写短文。

_____

_____

_____

_____

_____

2）中国的包子：你吃过包子吗？包子是用什么做的？

传统美食：中国的传统美食有哪些？你最喜欢的是什么？

价格（不）便宜：多少钱一个？你买了几个？

味道鲜美：是什么味道？你最喜欢什么味道的？

做法独特：是怎么做的？你会做吗？想学吗？

3）　前几天，我和朋友一起去天津旅游，吃到了有名的狗不理包子。狗不理包子是天津的传统美食，它的做法比较独特，味道也很鲜美。我吃了好几个。不过它的价格并不便宜，比普通的包子要贵一些。

2.

1）过春节——正月初一——传统节日——吃饺子——发红包

2）过春节：你知道哪些中国人过春节的习俗？你们国家最重要的节日是什么？

正月初一：正月初一那天会做什么？

传统节日：你还知道哪些中国的传统节日？

包饺子：你吃过饺子吗？你会包饺子吗？

发红包：红包是什么？什么时候发红包？谁给谁发红包？

3）　今年寒假我没有回国，所以我在中国过了一个春节。春节是中国人最重要的传统节日，是每年的正月初一。这一天，人们要吃饺子，互相拜年，长辈还会给孩子们发红包。前一天晚上，也就是除夕，人们还会放鞭炮、吃年夜饭。真是很热闹！

请沿虚线折一下

星 期 五

动作的状态（一）和副词（二）

我们知道，汉语中表示过去、现在、将来时，动词本身没有变化，"他们去年说""我现在说""他明天说"都是一个"说"。那怎样才能清楚地表示动作是正在进行，还是已经发生，或是将要发生呢？汉语中，人们使用"着""了""过""正在""将要"等词语来表示动作的这些不同状态。

词语部分，我们今天具体学习一下副词中的肯定、否定副词和时间副词。

考点解析

动作的进行、持续、开始与继续、将行及肯定、否定副词和时间副词

一、动作的状态

（一）动作的进行

副词"正、正在、在"在动词前做状语，表示"进行"。

1. 可在动词后加表示持续的助词"着"。

　　例：他们正在教室上课呢。

　　　　他在看足球比赛。

　　　　她正在听着音乐呢。

2. 句中不能用表示完成的"了、过"。

3. 非持续性动词一般不能用于进行状态，如"到、离开、成立、死、胜、败、看见、听见、碰见、认为、记得、懂"等。

例：他正在到学校。（×）

（二）动作的持续

在动词谓语后加助词"着"，表示动作或状态的持续。

1. 基本格式：主语 + 动词谓语 + 着 + 宾语

例：他穿着一件黑色的衣服。

外边正下着雨呢。

2. 非持续性动词不能用于持续状态。

例：他离开着学校。（×）

3. "着"的其他用法：

1）在"动词1 + 着 + 动词2"的结构中，动词1表示动词2的方式。

例：同学们看着课文 回答问题。

他听着音乐 走路。

2）"……着……着……"表示持续的动作或状态中断，转入另一个动作或状态。

例：他听着听着就睡着了。

天气冷着冷着又热了。

3）"形容词 + 着呢"常用来表示程度高。

例：那个商场的东西贵着呢。

外面冷着呢，你多穿点儿衣服吧。

4）"……来着"表示不久前发生过的事情，或用来询问一时想不起来的事情。

例：刚才李老师找你来着。

这个人我见过，他叫什么来着？

（三）动作的开始与继续

动词后加"起来"表示动作开始并继续，动词后加"下去"表示动作继续。

例：他们开心地大笑起来。

汉语越学越有意思，希望你们能坚持下去。

（四）动作的将行

在动词谓语前加"就要、将要、快（要）、要"等，表示动作将要进行。

1. 基本格式：主语 + 状语 [就要 / 将要 / 快（要）/ 要] + 动词谓语 + 宾语/补语 + 了

    例：我们就要（将要、快要、快、要）回国了。

      作业就要（将要、快要、快、要）写完了。

2. 句中有表示具体时间的词做状语时，不能用"快要、快"。

    例：下个月他要（就要）来中国了。

      下个月他快要来中国了。（×）

3. 书面语中还可用"将、将要、即将"表示动作不久以后要发生，句末一般不用"了"。

    例：火车即将进站。

      不努力将一事无成。

二、副词辨析

前面我们学习了副词的分类和主要用法，今天我们来学习几组常用的肯定、否定副词和时间副词的辨析，这部分不只在 HSK 的书写部分会遇到，对阅读第一部分的答题也是非常重要的。

（一）肯定、否定副词用法辨析

1. 不、没（有）

都可以放在动词、形容词前，对动作、性质、状态进行否定。它们的主要区别是：

1)"不"用在形容词前用来否定性质。

    例：他身体不好，让他休息吧。

      这种材料不结实，换一种吧。

"不"用在动词前多用于主观意愿，可以否定现在、将来的动作行为，也可否定过去的。

    例：我今天不吃晚饭，明天也不吃。

      昨天我不想吃早饭。

"不"否定习惯性动作、状况。

    例：他从来不迟到。

      他既不抽烟，也不喝酒。

"不"否定非动作性动词（"是、当、认识、知道、像"等）。

例：我不知道这样做对不对。

我长得不像妈妈。

"不"否定能愿动词。

例：我不会说俄语。

他病了，不能来上课。

2) "没（有）"用在形容词前用来否定变化的出现。

例：天还没亮，再睡一会儿吧。

我没着急，只是有点儿担心。

"没（有）"用在动词前多用于客观叙述，可以否定动作、状态的发生或完成，用于过去或现在，不用于将来。

例：昨天、今天他都没来。

我没记住他的电话号码。

"没（有）"可以否定个别能愿动词，如"能、敢"等，表示对过去情况的否定。

例：昨天我有急事儿，没能参加朋友的聚会。

你不在，我没敢答应他的要求。

2. 差点儿、差点儿没

1）当后面是不希望发生的事时，差点儿 = 差点儿没，意思是否定的，表示这件事情没发生，很幸运。

例：今天早上我差点儿（没）迟到。（没迟到）

今天没带雨伞，差点儿（没）被淋成个落汤鸡。（没被淋成落汤鸡）

2）当后面是希望发生的事时，"差点儿"表示事情没发生，很遗憾，"差点儿没"表示发生了，很幸运。

例：他差点儿没通过考试。（通过了）

他差点儿就能通过考试。（没通过）

（二）时间副词辨析

1. 才、都、就

1） "才$_1$"和"就"：时间/数量词＋才$_1$，时间/数量词＋就

"才$_1$"表示说话人认为时间晚、时间长、年龄大、数量多等。

"就"表示说话人认为时间早、时间短、年龄小、数量少等。

例：8点才上课，你怎么7点就来了？

真了不起，25岁就当经理了。

我跑了好几趟才找到他。

这么长的课文，她背了20分钟就记住了。

2)"才₂"和"都"：才₂+时间/数量词，都+时间/数量词

"才₂"表示说话人认为时间早、时间短、年龄小、数量少等。

"都"表示说话人认为时间晚、时间长、年龄大、数量多等。

例：我的朋友才23岁就结婚了，我都30了还没女朋友呢。

才4点你怎么就起床了？

都凌晨两点了，快睡吧。

3)"才"还可以用来表示事情在不久前发生，表示"刚"。

例：他才从首尔来北京，哪儿都不认识。

"才"还可以用作语气副词，表示强调，和"呢"搭配使用，隐含比较的语气。

例：她的字写得才好看呢！

这件衣服才漂亮呢！

4)"都"还可以用作范围副词，表示"全部"。

例：人们都喜欢这种颜色。

"都"与"每、各"连用，表示没有例外。

例：他每天都坚持锻炼。

"都"与疑问代词连用有任指的意思。

例：今天我什么都不想吃。

5)"就"也可以用作范围副词，表示"只有"。

例：我们班就他通过了考试。

"就"还可以表示强调，加强肯定语气。

例：这就是王老师。

"就"放在两个相同的成分之间，表示容忍。

例：贵点儿就贵点儿吧，买了吧。

2. 刚、刚刚、刚才

1)"刚、刚刚"是时间副词，表示事情发生在不久前，只能用在主语后。

例：我刚（刚刚）从学校回来。

"刚、刚刚……就……"指一个动作紧接着另一个动作发生。

例：我刚进家门，大雨就下了起来。

我刚刚进办公室，就有人来找我。

天刚亮，我们就出发了。

2)"刚、刚刚"还可以表示勉强达到某种程度。

例：他的个子太矮了，刚能够到桌子。

这些钱刚够交学费，生活费怎么办呢？

3)"刚才"是名词，指刚过去不久的时间，用在主语前或主语后都可以。

例：刚才你去哪儿了？

她把刚才的事儿忘了。

休息了一下，现在比刚才好多了。

刚才你为什么不告诉我呢？

3. 突然、忽然

1)"突然、忽然"做副词，都可表示情况在很短的时间内发生，使人感到意外。

例：我走着走着，忽然（突然）想起了一件事。

外面突然（忽然）刮起了大风。

2)"突然"还可以做形容词。

例：这件事发生得太突然了。

这件事发生得太忽然了。（×）

4. 偶尔、偶然

1)"偶尔"指某种动作行为不常常发生，强调次数少，反义词是"经常"。

例：她偶尔会去操场跑步。

音乐会的票太贵了，所以我只是偶尔去听。

2)"偶然"指某种动作行为不一定发生但是发生了，强调出乎意料，反义词是

"必然"。

例：我昨天在路上偶然遇到了一位多年不见的朋友。

我偶然听到了这个消息。

"偶然"还可做形容词。

例：一个偶然的机会，我结识了她。

事情发生得很偶然，大家谁也没想到。

5. 临时、暂时

1）"临时"强调事情发生的当时。

例：这是临时决定的，事先谁也不知道。

把东西都带好，免得临时着急。

"临时"还可用于表达不是正式的，只是短期的。

例：他是这个单位的临时工。

2）"暂时"强调短时间内，不是长期的。

例：我的东西暂时放在你家，过两天我就去拿。

困难是暂时的，一定会过去的。

6. 随时、及时、按时、准时

1）随时：副词，什么时候都可以。

例：有问题可以随时来找老师。

我已经准备好了，随时可以出发。

2）及时：副词，不拖延，马上，立刻；形容词，正赶上时候，适合需要。

例：有问题要及时解决，不要拖。（副词）

这真是一场及时雨啊！（形容词）

3）按时：副词，按照规定的时间。

例：学生要按时到校上课。

按时吃药，别忘了。

4）准时：形容词，不迟于也不早于规定的时间。

例：他今天来得很准时，没迟到。

运动员在 23 日准时到达比赛场馆。

考题实战

一、完成句子。

1. 她的　跳芭蕾舞　女儿　正在　学习

　　_____。

2. 上午十点　还在　马克　睡懒觉　呢

　　_____。

3. 看书　为了　保护眼睛　请不要　躺着

　　_____。

4. 桌子上　一盆　盛开的　摆着　水仙花

　　_____。

5. 大家　都　在公司门口　欢迎　客人　鼓着掌

　　_____。

6. 下个星期　就要　这部　电视剧　播出了

　　_____。

7. 将要　提前　这个工厂　完成　今年的　生产计划

　　_____。

8. 当上了爸爸　我　偶然　听说　阿里　已经

　　_____。

9. 老师　刚　同学们　就　说下课　冲出了教室

　　_____。

10. 医生　要按时　告诉　病人　吃药

　　_____。

参考答案：

1. 她的女儿正在学习跳芭蕾舞。

2. 上午十点马克还在睡懒觉呢。

3. 为了保护眼睛，请不要躺着看书。

4. 桌子上摆着一盆盛开的水仙花。

5. 大家都在公司门口鼓着掌欢迎客人。

6. 这部电视剧下个星期就要播出了。／下个星期这部电视剧就要播出了。

7. 这个工厂今年的生产计划将要提前完成。／这个工厂将要提前完成今年的生产计划。

8. 我偶然听说阿里已经当上了爸爸。

9. 老师刚说下课同学们就冲出了教室。

10. 医生告诉病人要按时吃药。

请沿虚线折一下

二、请结合下列词语（要全部使用，顺序不分先后），写一篇80字左右的短文。

1. 钓鱼　羡慕　风景　图画　旅行

_____

_____

_____

_____

_____

_____

_____

_____

_____

_____

_____

提示与答案：

1）把所给词语从意思上联系在一起。

出去旅行——风景优美——有人在钓鱼——像一幅图画——羡慕他们

2）对上面各项内容提出问题，寻找自己需要的材料。

出去旅行：什么时候旅行？去哪儿旅行？跟谁一起旅行？

风景优美：怎样优美？什么样的山？什么样的水？

有人在钓鱼：什么人在钓鱼？在哪里钓鱼？钓鱼人的神态、打扮是怎样的？

像一幅图画：一幅怎样的图画？

羡慕他们：为什么羡慕？

3）进行想象，安排事情发展的顺序和过程，扩展成完整的一件事，书写短文。

今年"十一"假期，我和朋友们一起出去旅行。我们去了风景优美的武夷山。山上长满了茂密的树木，山间有清澈的湖水，有时还可以看到老年人在岸边钓鱼，这情景真像一幅美妙的图画。我们都很羡慕生活在这里的人们。

2. 家乡　包裹　发愁　祝福　要是

_____

_____

_____

_____

_____

_____

_____

_____

_____

_____

_____

提示与答案：

1）把所给词语从意思上联系在一起。
我的家乡——寄包裹——感到发愁——要是……的话，就……——祝福亲人

2）对上面各项内容提出问题，寻找自己需要的材料。
我的家乡：在哪里？家乡都有什么人？
寄包裹：给谁寄包裹？什么时候寄的？寄的是什么东西？
感到发愁：发愁的原因是什么？有没有解决的办法？
要是……的话，就……：可能会发生什么？会产生什么后果？
祝福亲人：什么祝福？祝福哪些亲人？

3）进行想象，安排事情发展的顺序和过程，扩展成完整的一件事，书写短文。

　　我上周一上午往家乡寄了一个包裹。今天又到周一了，可是爸爸妈妈说包裹还没收到。因为包裹包装得不是很好，所以我有点儿发愁，要是里面的衣服和贺卡弄丢了，爸爸妈妈就收不到我的新年礼物和祝福了。

请沿虚线折一下

◆ 生词

芭蕾舞 bālěiwǔ（名）		ballet 발레 バレエ

| 睡懒觉 shuì lǎnjiào | | sleep late; sleep in
늦잠을 자다
朝寝坊をする |

| 盛开 shèngkāi（动） | | (of flowers) be in full bloom
활짝 피다
満開になる |

| 水仙花 shuǐxiānhuā（名） | | narcissus; daffodil
수선화
スイセン |

| 电视剧 diànshìjù（名） | | TV play
드라마
テレビドラマ |

| 播出 bōchū（动） | | broadcast; be on the air
방송하다
放送する，（テレビ局が）番組を放映する |

| 提前 tíqián（动） | | do sth ahead of time
앞당기다
（予定の期限を）繰り上げる |

| 钓鱼 diàoyú（动） | | go fishing
낚시하다
魚を釣る |

| 图画 túhuà（名） | | picture; painting
그림
絵，図画 |

武夷山　Wǔyí Shān（名）	Wuyi Mountain [in Fujian Province] 우이산 武夷山（福建省にある）
茂密　màomì（形）	(of grass or trees) dense; thick 빽빽하다 （草木が）密生している
清澈　qīngchè（形）	clear; lucid 맑다 澄みきっている
岸边　ànbiān（名）	bank; shore 기슭 岸のあたり
美妙　měimiào（形）	beautiful; splendid 아름답다 すばらしい，うるわしい
家乡　jiāxiāng（名）	hometown 고향 ふるさと
包裹　bāoguǒ（名）	package; parcel 소포 包み，（郵便の）小包
发愁　fāchóu（动）	get worried (about) 걱정하다，우려하다 心配する，困る
祝福　zhùfú（动）	wish; bless 축복하다，기원하다 祝福する，人の平安，幸福を祈る
包装　bāozhuāng（动）	pack; wrap 포장하다 包装する

复习与练习

一、选择填空。

才　及时　就　刚刚　临时　正在
就要　正要　偶尔　一直

1. 这孩子（　　　）十岁，（　　　）懂那
么多事。

2. 球队（　　　）成立一个月，队员（　　　）
已经发展到三十多个了。

3. 我十二岁（　　　）离开了家乡，直到
三十多岁（　　　）第一次回来。

4. 我本来打算上个月去英国，但签证遇到
点儿问题，只好（　　　）改变行程。

5. 交通事故发生后，路人（　　　）把病
人送到了医院。

6. 马上（　　　）上台表演了，你紧张吗？

7. 李老师（　　　）打电话呢，请你稍等
一会儿。

8. 我（　　　）出门，邻居小马来找我借书。

9. 你还不了解你爸爸吗？他（　　　）反
对你跟他谈恋爱。

10. 他不常去体育馆健身，只是（　　　）
去一次。

参考答案：

1. 这孩子（才）十岁，（就）懂那
么多事。

2. 球队（刚刚、才）成立一个月，
队员（就）已经发展到三十多个了。

3. 我十二岁（就）离开了家乡，直
到三十多岁（才）第一次回来。

4. 我本来打算上个月去英国，但签
证遇到点儿问题，只好（临时）
改变行程。

5. 交通事故发生后，路人（及时）
把病人送到了医院。

6. 马上（就要）上台表演了，你紧
张吗？

7. 李老师（正在）打电话呢，请你
稍等一会儿。

8. 我（正要）出门，邻居小马来找
我借书。

9. 你还不了解你爸爸吗？他（一直）
反对你跟他谈恋爱。

10. 他不常去体育馆健身，只是（偶
尔）去一次。

二、改错句。

1. 下星期日他快要回国了。

_____

参考答案：

1. 下星期日他就要回国了。

2. 他握我的手，亲切地看我。

———————————————————

3. 研究生考试要开始吧？

———————————————————

4. 这次到农村，一共我们参观了四个乡镇企业。

———————————————————

5. ——这次考试你也参加了吗？ ——我也。

———————————————————

6. 每天我能都吃到新鲜蔬菜和水果。

———————————————————

7. 晚上，常常都大家睡了，才她睡。

———————————————————

8. 到北京刚不久，就我们游览了好几处名胜古迹。

———————————————————

9. 我喜欢美术，也音乐。

———————————————————

10. 刚来北京还没找到房子，我一时住在朋友家。

———————————————————

2. 他握着我的手，亲切地看着我。

3. 研究生考试要开始了吧？

4. 这次到农村，我们一共参观了四个乡镇企业。

5. ——这次考试你也参加了吗？
——我也参加了。

6. 每天我都能吃到新鲜蔬菜和水果。

7. 晚上，常常大家都睡了，她才睡。

8. 刚到北京不久，我们就游览了好几处名胜古迹。

9. 我喜欢美术，也喜欢音乐。

10. 刚来北京还没找到房子，我暂时住在朋友家。

三、请结合下列词语（要全部使用，顺序不分先后），写一篇 80 字左右的短文。

1. 中国　旅行　汽车　舒服　目的地
1）把所给词语从意思上联系在一起。

———————————————————

提示与答案：

1.

1）驾驶汽车——中国西部——去旅行——到达目的地——舒服地休息

请沿虚线折一下

2）提出问题，寻找自己需要的材料。

_____

_____

_____

3）扩展成完整的一件事，书写短文。

_____

_____

_____

_____

2. 结婚　装修　便宜　家具　搬家

1）把所给词语从意思上联系在一起。

_____

_____

2）提出问题，寻找自己需要的材料。

_____

_____

_____

3）扩展成完整的一件事，书写短文。

_____

_____

_____

_____

_____

2）驾驶汽车：谁驾驶汽车？驾驶什么汽车？

中国西部：中国西部的哪里？中国西部有什么特点？以前去过吗？

去旅行：什么时候去的？跟谁一起旅行？旅行中最难忘的事是什么？

到达目的地：什么时候到达？目的地是什么样子？心情怎样？

舒服地休息：在哪儿休息？休息了多长时间？

3）　现在很多年轻人喜欢自己驾驶汽车出去旅行，我也很喜欢。有一次，我跟朋友驾车去了中国西部的边远地区。我们没有具体的目的地，看到感兴趣的地方就把车停下来，尽情游玩、欣赏、真是随心所欲、无拘无束，累了还可以在车上休息，舒服极了。

2.

1）装修房子——准备结婚——买家具——价格便宜——搬家

2）装修房子：为什么装修？怎样装修？花多少钱装修？

准备结婚：谁要结婚？什么时候结婚？在哪儿举行婚礼？

买家具：在哪里买家具？买什么家具？

价格便宜：价格怎样便宜？质量怎样？

搬家：什么时候搬家？怎样搬家？

3）　我的一个好朋友现在正在装修房子，因为他很快就要结婚了。他买家具的时候看了好几家，找了一家价格比较便宜、质量又比较好的家具公司预订了家具。等房子装修好之后，再过几个月，他就可以搬家了。

第 2 周

周末复习与训练

知识点补充

文章的题目、开头和段落

一、文章题目的设计

一篇文章，如何才能吸引人、引人入胜？文章的题目至关重要，好的题目能让人一看就产生兴趣。怎样给文章取一个好的题目呢？

1. 文章的题目要与内容关系密切，让人一看题目就知道文章主要讲的内容。如"游学中国""我的妈妈"等。

2. 题目不能太长，要简单准确、有概括性。如"最难忘的一件事""北京见闻"等。

3. 题目要尽可能引起人们的兴趣，最好要有新意。如"美丽的颐和园""我最爱的游戏"等。

4. 可以运用比喻、问句、使用成语或俗语等方式来起题目。如"画蛇添足""我为什么来中国"等。

二、文章开头的方法

文章开头的方法多种多样，好的开头可以自然地引出文章主题，尽快进入中心内容，简单明确，并能吸引人的注意。

常用的开头方法有：

1. 说明事情发生的时间、地点。

2. 描写事情发生的环境、气氛等。

3. 对某事发表议论。

4. 直接介绍相关的事情或人物。

5. 引用名人名句。

6. 直接提出文章要讨论的核心问题。

三、文章段落的安排

　　一篇文章通常会分成几个段落。一个段落表达一个相对独立、完整的意思。划分段落的目的是使文章层次更清楚、重点更突出，读者理解起来更容易，更能准确地把握文章的意思。

　　一般来说，叙述一件事情时常常按时间发展的顺序来划分段落，也可按地点的变换来划分段落，还可按事情的原因、发生、过程、结果来划分。

　　汉语文章中，为了表示一个新段落的开始，写作时要另起一行，开头要空两格，千万要注意啊！

练习

读下面短文，完成练习。

_____

　　今天，天气很好，阳光明媚，爸爸带我和妹妹到南湖公园去玩。我们坐着公共汽车来到南湖大桥旁边，那里种着很多花草树木，绿叶衬托着一朵朵各色各样的花朵，非常漂亮。我们下了车，来到桥上，大桥横跨在水面上，许多汽车在大桥上快速地行驶着。来到公园，公园里风景如画，宽阔的湖面上碧波荡漾，漂亮的小石桥直通湖中的小亭子，小亭子里有人在下棋。爸爸给我们租了一艘电动船。我们坐在船上，爸爸开着船，我小心地把手伸进水里，水很清凉，好像全身都变得清爽了。妹妹高兴地拍着手，还唱起了歌。我跟爸爸说让我开一会儿，爸爸把方向舵交给我。我开着船，小船就像一匹小马似的快速地在湖面上行驶，激起一串串白色的水花。突然，前面有艘船朝我们这边开过来，眼看就要撞到了，我手忙脚乱地不知道该怎么办，爸爸急忙把船从前进档换成了后退档，终于成功地避开。我们又在湖面上玩了一会儿，租船的时间就到了。

练习：

1. 给文章加一个你认为合适的题目。

2. 用"‖"将文章分成 4 段。

参考答案

游南湖公园

　　今天，天气很好，阳光明媚，爸爸带我和妹妹到南湖公园去玩。‖　我们坐着公共汽车来到南湖大桥旁边，那里种着很多花草树木，绿叶衬托着一朵朵各色各样的花朵，非常漂亮。我们下了车，来到桥上，大桥横跨在水面上，许多汽车在大桥上快速地行驶着。‖　来到公园，公园里风景如画，宽阔的湖面上碧波荡漾，漂亮的小石桥直通湖中的小亭子，小亭子里有人在下棋。‖　爸爸给我们租了一艘电动船。我们坐在船上，爸爸开着船，我小心地把手伸进水里，水很清凉，好像全身都变得清爽了。妹妹高兴地拍着手，还唱起了歌。我跟爸爸说让我开一会儿，爸爸把方向舵交给我。我开着船，小船就像一匹小马似的快速地在湖面上行驶，激起一串串白色的水花。突然，前面有艘船朝我们这边开过来，眼看就要撞到了，我手忙脚乱地不知道该怎么办，爸爸急忙把船从前进档换成了后退档，终于成功地避开。我们又在湖面上玩了一会儿，租船的时间就到了。

第**3**周 > > > > >

学习重点：看图写短文

　　从本周开始，我们就要进入 HSK 五级书写的第三部分——看图写短文的训练了。相比第一周组词成句、第二周根据所给词语写短文，看图写短文对我们提出了更高的要求。这一题型要求学生自己根据图片内容，发挥想象，选词造句，组句成篇。写出的短文既要符合语法要求，又要符合图片内容，难度似乎提高了，但其实并没有想象的那么难。经过前两周的学习，本周再跟着老师的指导认真练习，一定可以学好这一部分。相信经过三周的训练，大家都能写出文笔优美、内容丰富、语言规范的短文来！

动作的状态（二）和副词（三）

　　上周五，我们学习了怎样表达动作的进行、持续、将行等状态，那么，动作的完成和经历又该怎样表达呢？那就要通过动态助词"了"和"过"来实现了。"动词＋了"表示完成，"动词＋过"表示经历。你看，就这么简单吧？不过，也还有一些具体的地方需要我们注意。

　　词语部分，今天我们再学习一些常用副词的辨析。

考点解析

动作的完成、经历及范围副词、程度副词、频率副词

一、动作的状态

（一）动作的完成

　　汉语里主要用"了"表示动作的完成与实现。根据"了"的意义与位置，可以把它看成两个：

　　"了₁"：表示动作完成，用于动词后。

"了₁"：表示动作完成，用于动词后。

　　"了₂"：表示情况、状态出现了变化，用于句尾。

1. "了₁"：表示动作行为的完成，用于动词后。

　　例：我去书店买了三本书。

　　1）如果动词后有宾语，"了"在宾语前。

　　例：我去商场买了件衣服。

2）动词后有补语：

动词＋简单趋向补语，"了"在补语后：前边开来了一辆汽车。

动词＋结果补语，"了"在补语后：他回答完了两个问题。

动词＋数量补语，"了"在补语前：我去了一趟上海。

3）连动句和兼语句中，"了"要放在第二个动词后边。

例：他去邮局寄了一个包裹。

　　同学们请老师讲了一个故事。

4）表示否定时，动词前加"没（有）"，不用"了"，意思是动作没有发生或完成。

例：我没买书。

　　我没写完作业。

5）一个动作完成后又出现了新的动作时，第一个动词后应该用"了"。

例：他先检查了一下机器的情况，然后冷静地操作起来。

　　看了他的信，她伤心地流下泪来。

　　昨天我们吃了饭就去上课了。

　　明天我们吃了饭就去上课。

6）经常性活动，动词后不用"了"。

例：他身体不好，常常生病。

　　最近他每天都去健身房运动。

2.　"了$_2$"：用在句尾，表示情况、状态的变化，还可用来表示语气。

　　例：树上的叶子已经红了。（表变化）

　　　　我走了，再见。（表陈述语气）

3.　"了$_1$、了$_2$"一起用。

1）说明动作到现在为止完成的情况，常和"已经"连用。

例：我已经写了回信了。

　　我忘了告诉他了。

2）"动词＋了$_1$＋数量词＋了$_2$"，表示到现在为止已持续的时间或已达到的数量，动作一般还在进行。

　　例：我吃了两个苹果。（现在不吃了，动作已经完成）

　　　　我吃了两个苹果了。（可能还要吃第三个，动作还在进行）

（二）动作的经历

表示过去曾经有过某种经历，一般用动态助词"过"。

1. 基本格式：主语＋动词＋过（＋宾语）。表示否定时，一般是在动词前加"没（有）"，书面语中也可以用"不曾""未曾"。

例：她以前学过日语。

他没去过长城。

我曾经吃过这种水果。

我不曾见过他。

2. 疑问句的基本格式为"动词＋过（＋宾语）＋没有？"。

例：你去过没有？

你参观过故宫没有？

3. 有结果补语时，"过"要放在结果补语后边。

例：那个医生治好过我的病。

4. 连动句中，"过"要放在第2个动词后边。

例：我去医院检查过身体。

5. "过"与离合动词连用时，要放在离合动词中间。

例：生过一次病、游过很多次泳

我们俩见过面。

他离过两次婚。

6. "过"也可用在形容词后，一般含有比较的意义。

例：我也曾年轻过。

他的房间从来没这么干净过。

他的病好过一阵子，现在又恶化了。

二、副词辨析

1. 都、全

1)"都、全"一般放在主语后面、谓语动词前面，表示全部。"都"和"全"可以互相替换，或放在一起组成"全都"。

例：我们都（全、全都）来了。

我们已经全都知道了，不用再介绍了。

2）"全"还可以放在名词前面表示范围，"都"不可以。

例：全国、全校、全世界、全球、全人类、全过程

这次考试，我们全班同学都通过了。

2. 挺……的、怪……的、太……了、可……了

1）"挺……的、怪……的"都可表示程度高，其中"怪……的"中间常加不如意的词语。

例：你这次的考试成绩还挺不错的，继续努力！

别再夸奖我了，弄得人家怪难为情的。

2）"太……了、可……了"也都可以表示程度高，"太……了"还可表示不如意、过分。

例：你在演讲比赛上的表现太棒了！

这家饭馆的糖醋排骨可好吃了。

做糖醋排骨又要炸又要炖，太麻烦了。

3. 越……，越……、越来越……

1）越＋动词＋越＋形容词：表示随着动作的发展，程度逐渐加深。

例：雨越下越大，你还是等雨停了再走吧。

老白越说越激动，我不得不打断了他的话。

2）A越……，B越……：前后是不同的主语，表示随着A的情况的变化，B的程度不断加深。

例：讨论越深入，问题也就越清楚。

他现在逆反心理严重，你越批评他，他越不听你的。

3）越来越……：后面加形容词或表示心理状态的动词，表示随着时间发展，程度逐渐加深。

例：冬天要到了，天气越来越冷了。

同学们越来越喜欢学习汉语了。

4. 更、更加

意思相同，都表示程度上加深，含有比较的意义。"更加"一般用于书面语，且只能用在双音节或多音节词前面。

例：今天比昨天更冷了。

我更喜欢这个地方了。

雪后的西山，景色更加妩媚多姿。

他的性格比以前更加开朗。

5. 很、非常、特别、十分、相当、极

1）很：表示程度高。

例：他这次考试成绩很好，全班第二。

你的表现很好，值得表扬。

单音节形容词前常加"很"，凑成双音节。

例：今天天气很好。

他长得很高。

2）非常：表示程度高，一般比"很"的程度更高一些。

例：这次北京之行非常开心。

"非常"也可以做形容词，表示不寻常的、特殊的，只用于名词前。

例：非常时期、非常表现、非常情况

3）特别：也表示程度高，一般比"很、非常"的程度更高一些。

例：你的表现特别棒，你是我们的骄傲。

"特别"也可以做形容词，表示不寻常的、特殊的，可以做定语，也可以做谓语。

例：他是一个很特别的人，从来都是独来独往。

这种感觉很特别，不知道该怎么用语言表达。

4）十分：也可表示程度高，比较书面化，也可说"万分、分外、格外"。

例：演出成功了，他的内心十分（万分、分外、格外）激动。

5）相当：表示程度高。

例：她今天的表现相当不错。

这项任务是相当艰巨的。

"相当"还可做动词，表示数量、价值、条件、情形等差不多，能配得上，并且常和"于"组成"相当于……"的结构，表示差不多。

例：他们两个人年纪相当，一定会成为好朋友的。

参加比赛的两名选手实力相当。

这棵树的高度相当于五层楼的高度。

6）极：表示最高程度，有时也可说"极其、极为"。

例：这次考试极（极其、极为）重要，希望大家一定要认真准备。

那只有极少数刻苦努力的学生能获得这项奖学金。

"极"也可以做补语，结构是"谓词＋极＋了"。

例：考上了理想的大学，她高兴极了。

6. 再、又、还

1）"再、又、还"都可以表示动作重复发生或继续进行。

"再"表示主观性，多用于未完成的动作，可用在祈使句、假设句中。

例：北京烤鸭真好吃，我想再吃一次。

明天你再来一趟吧。

你要是再不告诉我，我可就生气了。

"又"表示客观性，多用于已完成的动作，常和"了"一起使用，不能用在祈使句中。

例：这部电影我又看了一遍。

他又找了一个新的女朋友。

"还"一般用于未完成的动作，可用在陈述句、疑问句中，不能用在祈使句中。

例：明天我还会来看你的。

已经十二点了，他还在学习吗？

2）"又、还"用在能愿动词前，"再"用在能愿动词后。

例：我又能听到你的声音了。

我还能再玩一次这个游戏吗？

你能再给我讲一遍吗？

3）"再"还有"更加"的意思，表示如果继续下去就会怎样。

例：再便宜一点儿我就买。

你再努力一点儿就能考上大学了。

"再……也……"，表示即使情况更加怎样也要怎样。

例：汉语再难我也要学。

这本词典再贵我也要买。

"再"还可表示一个动作发生在另一个动作之后。

例：我打算找到工作以后再结婚。

咱们先写完作业再去看电影吧。

"还"和"再"可同时使用，强调重复或连续，"还＋能愿动词＋再……"。

例：杭州真漂亮，我还想再去一次。

这部电影真好看，我还想再看一遍。

"……再也不（没、没有）……"，表示"永远不……"或"到现在一直没有……"。

例：这个鬼地方，我再也不来了。

大学毕业以后，我再也没见过他。

4）"又"还可用在否定句或反问句里，加强语气，"又不……、又没……"。

例：我又不是第一次去，你不用担心。

我又不认识你，凭什么要听你的？

"又"还可表示几种情况或性质同时存在，"又……又……、既……又……"。

例：他每天又忙工作，又忙学习，真够辛苦的。

这儿的饭菜既便宜又好吃。

5）"还"有"仍然"的意思。

例：十年没见了，你还是老样子。

都九月份了，天气怎么还这么热？

"还"还有"更"的意思，"……比……还……"。

例：今天比昨天还冷。

我比你还糊涂呢。

"还"还可以表示在某个范围之外有所补充，"（除了）……还……"。

例：除了故宫，我还去过香山、颐和园。

她每天下了班，回到家还要忙家务。

例："还"还可以表示没想到情况是这样的，多含有赞叹或责备、讥讽的语气。

你还真有办法，这么难的问题都解决了。

你还大学生呢，连这个字都不认识。

考题实战

一、完成句子。

1. 我　不能　今天　爬山　了　跟你们一起
_____。

2. 我们　都　听到　这个消息　吃了一惊
_____。

3. 朋友　送给我的　我　生日礼物　接受了
_____。

4. 校长　学校的历史　讲过　给我们
_____。

5. 就　我打算　下了班　去医院
看望同事
_____。

6. 我　演讲比赛　过　曾经　参加　大学生
_____。

7. 这所大学　很多　培养了　优秀人才
_____。

8. 都　他们　全　打算　参加
这次 HSK 考试
_____。

9. 别人　就　一个人　都去了　你　不去
_____。

10. 刚才　事故　我　一起　遇到了　交通
_____。

参考答案：

1. 我今天不能跟你们一起爬山了。/
今天我不能跟你们一起爬山了。

2. 听到这个消息我们都吃了一惊。/
我们听到这个消息都吃了一惊。

3. 我接受了朋友送给我的生日礼物。

4. 校长给我们讲过学校的历史。

5. 我打算下了班就去医院看望同
事。

6. 我曾经参加过大学生演讲比赛。

7. 这所大学培养了很多优秀人才。

8. 他们全都打算参加这次 HSK 考
试。

9. 别人都去了，就你一个人不去。

10. 刚才我遇到了一起交通事故。/
我刚才遇到了一起交通事故。

请沿虚线折一下

二、请结合每张图片写一篇80字左右的短文。

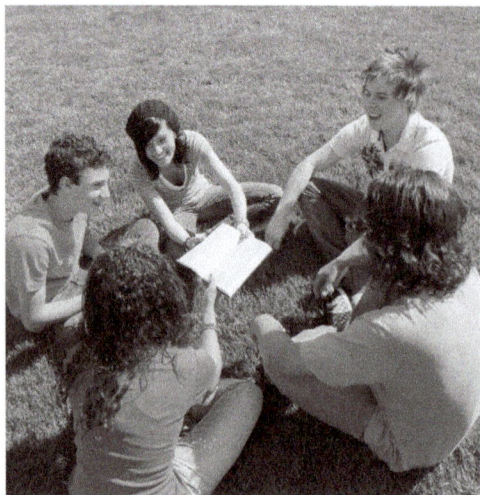

_____

_____

_____

_____

_____

_____

_____

_____

_____

提示与答案：

1. 看图，提出问题。

1）图上都有些什么人？老师、学生、公司职员……

2）事情可能发生在什么时间？早上、中午、下午、放学以后、下班之后……

3）他们可能在什么地方？公园、操场、郊外……

4）他们在做什么？聊天、讨论、开会……

5）他们的情绪是怎样的？开心、无聊、激动……

2. 整理以上问题，进行想象，安排事情发展的顺序和过程，扩展成完整的一件事，书写短文。

　　今天我们有两节汉语课，我们的汉语老师是中国人。她的课讲得很好，声音也很好听，对同学们也很亲切，我们都很喜欢她。放学以后，她和我们一起在操场上讨论一个关于中国文化的问题，我们讨论得很开心，也学到了很多东西。

请沿虚线折一下

禁止吸烟
NO SMOKING

_____

_____

_____

_____

_____

_____

_____

_____

_____

_____

_____

提示与答案：

1. 看图，提出问题。

1）这个图是什么意思？禁止吸烟。

2）在什么地方经常可以看到这个标志？
   饭店、学校、商场、办公楼……

3）你有什么感想？健康、环境、卫生、污染……

2. 整理以上问题，进行想象，安排事情发展的顺序和过程，扩展成完整的一件事，书写短文。

　　这是一个禁止吸烟的标志，相信大家在很多公共场所都看到过这个，比如说学校、电影院、商场、火车、飞机上等。吸烟不仅对自己的身体造成伤害，同时还会影响他人的健康，污染环境，所以大家都来参与到禁烟行动中吧！

◆ **生词**

吃惊　chījīng（动）	be surprised; be shocked 놀라다 驚く，びっくりする
看望　kànwàng（动）	visit; see; call on 문병하다 見舞う，訪問する，ご機嫌を伺う
演讲　yǎnjiǎng（动）	give a lecture; make a speech 연설하다 講演する
曾经　céngjīng（副）	once; at one time 예전에 かつて，以前に
培养　péiyǎng（动）	train; cultivate; develop 양성하다 育てる，養成する
起　　qǐ（量）	case; instance 건 件，回
职员　zhíyuán（名）	staff member 직원 職員
郊外　jiāowài（名）	suburbs; outskirts 교외 郊外
亲切　qīnqiè（形）	kind; cordial 친절하다 親しい，心がこもっている

吸烟　xīyān（动）		smoke 흡연하다 たばこを吸う

标志　biāozhì（名）		sign; symbol 표지 標識，しるし

场所　chǎngsuǒ（名）		place; venue 장소 場所，施設

造成　zàochéng（动）		cause; result in 초래하다 （好ましくない事態を）引き起こす，作り上げる

伤害　shānghài（动）		injure; harm 해치다, 상하게 하다 傷つける，損なう

参与　cānyù（动）		take part in; participate in 참여하다 参与する，参加する

复习与练习

一、选择填空。

稍微　再　越……越……　都　一共　相当
还　更　特别　尤其

1. 等凉快一点儿我们（　　　）出发吧。

2. 你们看，天（　　　）黑了，就别走了。

3. 加上税款，这辆车买下来（　　　）花了二十四万元。

4. 这套房子的租金（　　　）于他一个月的工资。

5. 快点儿告诉他吧，你（　　　）不说，他（　　　）着急。

6. 老师，您说得有点儿快，能（　　　）慢一点儿吗？

7. 这家超市的蔬菜（　　　）便宜一些。

8. 今天对他们俩来说是一个（　　　）的日子，是他们的结婚纪念日。

9. 春节是中国的传统节日，人们都沉浸在喜悦之中，（　　　）是孩子们。

10. 都十二点了，你怎么（　　　）不睡觉？

参考答案：

1. 等凉快一点儿我们（再）出发吧。

2. 你们看，天（都）黑了，就别走了。

3. 加上税款，这辆车买下来（一共）花了二十四万元。

4. 这套房子的租金（相当）于他一个月的工资。

5. 快点儿告诉他吧，你（越）不说，他（越）着急。

6. 老师，您说得有点儿快，能（稍微）慢一点儿吗？

7. 这家超市的蔬菜（更、稍微）便宜一些。

8. 今天对他们俩来说是一个（特别）的日子，是他们的结婚纪念日。

9. 春节是中国的传统节日，人们都沉浸在喜悦之中，（尤其）是孩子们。

10. 都十二点了，你怎么（还）不睡觉？

二、改错句。

1. 晚上我吃饭就去你那儿。

_____

参考答案：

1. 晚上我吃完饭就去你那儿。

请沿虚线折一下

2. 我还没有考虑了这个问题。

_____

3. 我每天下午去商店了。

_____

4. 来北京以后，我还没有生病过。

_____

5. 除了苹果，我都喜欢吃香蕉、葡萄。

_____

6. 妈妈叮嘱一再，可他依然经常加班，忙得顾不上找女朋友。

_____

7. 她是一个很非常的人，从来都是独来独往。

_____

8. 同学们请了老师讲一个关于长城的故事。

_____

9. 演讲比赛结束了，一起同学们为参赛选手鼓掌。

_____

10. 近几年，他每周都要去爬香山了。

_____

2. 我还没有考虑过这个问题。

3. 我每天下午都去商店。

4. 来北京以后，我还没有生过病。

5. 除了苹果，我还喜欢吃香蕉、葡萄。

6. 妈妈一再叮嘱，可他依然经常加班，忙得顾不上找女朋友。

7. 她是一个很特别的人，从来都是独来独往。

8. 同学们请老师讲了一个关于长城的故事。

9. 演讲比赛结束了，同学们一起为参赛选手鼓掌。

10. 近几年，他每周都要去爬香山。

请沿虚线折一下

三、请结合这张图片写一篇 80 字左右的短文。

1. 看图，提出问题，并列举可能的答案。

如：

1）图片上的人在做什么？看手机、约会、吃饭……

2）_____

3）_____

4）_____

2. 整理以上问题，进行想象，安排事情发展的顺序和过程，扩展成完整的一件事，书写短文。

_____

_____

_____

_____

_____

_____

_____

提示与答案：

1.

2）图片上的人在用手机做什么？发短信、看新闻、看视频……

3）图片上的人是什么关系？同事、朋友、夫妻、恋人……

4）手机还有哪些功能？打电话、玩游戏、聊天、看书、上网、照相……

2.　　随着科技的进步，手机的功能越来越多。在街上、饭馆里、地铁里、公交车上，拿着手机打电话、发短信、玩游戏、看视频的人随处可见。很多人因为长时间玩手机而忽视了与身边朋友的交流，有的人甚至一会儿不看手机就会觉得少了点儿什么。今天，你用手机了吗？

请沿虚线折一下

星 期 二

句子分类和副词（四）

前面我们一起学习了句子的结构以及各种各样的句式，现在我们再按语气把句子分分类，这样可以帮助我们更好地了解汉语句子的用法。

根据说话的语气，我们可以把句子分成四类：陈述句、祈使句、疑问句、感叹句。

各类句子的句末或句中停顿处，常常通过语气助词来表达各种不同的语气。

今天的词语部分，我们主要学习一些常用的情态副词和语气副词。

考点解析

陈述句、祈使句、疑问句、感叹句及情态副词、语气副词

一、句子分类

（一）陈述句

陈述句是讲述一件事情、说明一个事实的句子，句末用"。"表示停顿。

1.陈述句的末尾有的带语气词，常用"的、呢、呗、嘛、罢了"。

例：今天下午他一定会来的。（加强肯定）

这里的环境才美呢。（略带夸张）

今天本来就很热嘛。（表示明显、易见）

他不是不会做，只是不想做罢了。（表示仅此而已）

2. 有时会用双重否定来加强肯定语气。

例：这里的人没有不知道他的。

你放心吧，他不会不帮我的。

（二）祈使句

祈使句是让听话人做什么或不做什么的句子，句末标点用"。"或"!"。当句中主语是确定的人时，口语中常省略主语。

例：（咱们）快走吧。

（你）快回来!

根据语气的不同，祈使句可分为两类：

1. 表示命令、禁止：语气坚决、直率，句末很少用语气词。否定形式常用"别、不准、不许、不得（dé）"等。

例：快吃! 别说话!

禁止吸烟!

2. 表示建议、催促、请求：语气委婉、客气，前边可用"请"，句末常用"吧"。否定形式用"不要、别、不用、甭"等。

例：请重新输一下信用卡密码。

你帮我把那本书拿过来吧。

下雨呢，别走了。

（三）疑问句

疑问句是带疑问语气、表示询问的句子，句末标点用"？"。

1. 是非问句

1）把"吗"用在陈述句末尾，让对方做出肯定或否定回答。

例：你是上海人吗？

你的自行车可以借我用一下吗？

2）用"好吗、行吗、对吗、可以吗"，表示说话人先提出自己的意见、要求等，然后询问对方的意见。

例：下午我们一起去看电影，好吗？

我明天再去，可以吗？

3）陈述句加"吧"：当提问的人对情况有了某种估计，但又不能确定时，可以用这个结构进行提问。

例：现在快十点了吧？

你是日本人吧？

4）陈述句加"？"：当上下文语境确定时，有时也可省略语气词，这种疑问句一般含有惊讶、怀疑的语气。

例：你今天不去上课了？

这篇文章是你写的？

2. 特指问句

1）用疑问词"谁、什么、多少、哪儿、几、怎么、怎么样"等提问，后面可以加语气词"呢"。这种问句的词序和陈述句是一样的。

例：——你在看什么？——我在看小说。

——你这次考试考了多少分？——我这次考试考了九十分。

2）用"多＋形容词"提问。

例：——你的个子有多高？——我一米七五。

——这条河有多宽？——这条河三十多米宽。

3. 正反问句

1）四种常见结构：A+不+A+宾语；A+宾语+不+A；A没A；A+没有。

例：你看不看足球比赛？　你看足球比赛不看？

小李走没走？　小李走了没有？

2）用"是不是"的正反问句，"是不是"可以放在谓语前，也可以放在句尾。

例：他们是不是明天就回国了？

他们明天就回国了，是不是？

4. 选择问句：A还是B？

例：你下星期来我们这里开会，坐飞机来还是坐火车来？

是你去还是他去？

5. 反问句

1）用"不是……吗、没……吗"反问，强调肯定语气，表示明显如此。

例：你不是去过那里吗？你给我们当导游吧！（强调去过的事实）

你没看出来吗？他不太高兴。（强调他不太高兴的事实）

2）用疑问词"怎么、什么、哪、哪里、谁"等反问，表示反驳、不同意等。

例：他哪里不高兴了？（他没有不高兴）

你什么时候告诉我了？（你没告诉过我）

3）用副词"还、难道、何必"等反问，表示应该、当然、没有必要等意思。

例：有这么好的居住条件，你还不满意？（你应该满意）

我已经跟你说了好几次了，难道你忘了吗？（你不应该忘）

（四）感叹句

感叹句是用来表达称赞、感慨、喜悦、意外、惊讶、愤怒等强烈感情的句子，句末一般用"！"。常用"啊、了、呢"等语气词。

例：你简直太棒了！

真了不起啊！

这里的风景真美啊！

小心！危险！

（五）语气助词

语气助词是用在句末或句中停顿处，表示语气、态度的词语。常用的语气助词有"啊、吗、呢、吧"等。了解这些语气助词，对于我们理解句子的含义，明白说话人的语气、态度会有很大帮助，也可以帮助我们提高语言表达能力，提高HSK写作水平。

1. 啊：表示感叹，一般不用于问句。

例：这里的风景多美啊！

2. 吗

1）一般用于陈述句的末尾，构成是非问句。也可用于反问句。

例：他是你的爱人吗？

你这样还像个学生吗？

2）正反问句后面不用"吗"。

例：你吃不吃饭吗？（×）

3. 呢

1）一般用在选择问句、特指问句的后面。

例：你去北京还是上海呢？

你打算怎么去呢？

2）正反问句后面可以加"呢"。

例：你吃不吃香菜呢？

他是不是留学生呢？

3）在特定语境中，"呢"可以直接放在名词或名词短语后，询问情况或在哪里。

例：我去看电影，你呢？（你做什么呢？）

玛丽，我的铅笔呢？（我的铅笔在哪里呢？）

4）"何必……呢"或"……，何必呢"，表示没有必要。

例：为了一点儿小事，何必发这么大脾气呢？

为了一点儿小事发这么大脾气，何必呢？

4.吧

1）用于祈使句末尾，缓和语气。

例：我们走吧。

2）也可用于是非问句，表示可能性较大的猜测。

例：他是清华大学的老师吧？

3）用于分句末，表示停顿或列举。

例：这件事情吧，其实是这个样子的。

今天去吧，时间太紧张；明天去吧，又怕来不及。

二、副词辨析

1.渐渐、逐渐、逐步

1）渐渐、逐渐：后面都可以跟动词或形容词，表示随时间推移而发生自然的、缓慢的变化。二者经常可以互换，但"渐渐"侧重于持续性变化和客观性变化，"逐渐"可以表示阶段性变化和主观上的变化。

例：春天来了，冰雪渐渐融化了。

他渐渐醒了。

经过一年的相处，我们逐渐改变了对他的看法。

来中国以后，我才逐渐了解了中国人的真实生活情况。

2）逐步：后面跟动词，表示"一步一步地"，侧重于有计划、有步骤的改变。

例：政府采取了一系列措施，逐步解决了这一地区的交通拥堵问题。

我们要逐步提高公司的信息化管理水平。

2. 到底、究竟、毕竟

1）到底、究竟：可用于疑问句中，表示追问。

例：和你一起走的女孩到底（究竟）是谁？

究竟（到底）什么才是最好的学习方法呢？

2）到底、毕竟：表示追根究底所得的结论，强调事情的本质或特点。

例：他到底（毕竟）学过两年汉语，所以基本的日常用语是会的。

专家毕竟（到底）是专家，懂的就是多。

3）"到底"还可以做动词，表示"到最后"的意思。

例：一定要坚持到底。

4）"究竟"还可做名词，意为"真正的原因"。

例：这件事大家都想知道个究竟。

3. 则、却、倒

1）则：强调两事物的对比，书面色彩较浓，常用"……，（而）……则……"的形式。

例：在中国，一般来说，北方人爱吃咸的，而南方人则爱吃甜的。

这篇课文太难，那篇则太简单。

2）却：表示转折，常和"虽然……但是……"在一起用，来加强转折语气。

例：这次旅行时间虽短却让人印象深刻。

虽然你说得很有道理，但是他却根本没放在心上。

3）倒：表示没想到或不满的语气。

例：今年冬天不太冷，不知为什么，春天倒冷得出奇。

你越解释我倒越糊涂了。

你说得倒容易，做起来就不容易了。

4. 难道、难怪、怪不得

1）难道：难道＋不／没，用于反问句，加强反问语气。

例：老师已经讲了三遍了，难道你还没听懂？

他这次帮了你这么大的忙，难道你不应该好好谢谢他吗？

2）难怪：表示知道了某事的原因，对这件事不再觉得奇怪。

例：听说小李结婚了，难怪他最近总是笑呵呵的呢。

3）怪不得：同"难怪"。

例：怪不得（难怪）你的汉语说得这么好，原来你来中国已经 3 年了。

"怪不得"还有一种意思是不能责怪某人。

例：没得到奖学金是你自己努力不够，怪不得别人。

5. 何必、何苦

1）何必：用反问的语气表示不必要，句末常有"呢"。

例：都是老朋友了，何必这么客气？

有事打个电话就行了，何必大老远地跑过来一趟呢？

2）何苦：用反问的语气表示这么做不值得，句末也常有"呢"。

例：两个人已经分手了，你何苦还总想着他呢？

6. 简直、反正

1）简直：表示几乎这样（却没达到这样的程度），用夸张的语气说明程度高。

例：你的汉语说得太棒了，简直跟中国人一样。

他画的画儿简直跟真的一样。

2）反正：意思是不管情况如何,结果都不变。常用"不管……,反正……"的形式。

例：不管你同不同意，反正我已经决定去中国留学了。

还有一种用法是强调某一事实，在此条件下产生某一结果。

例：反正你现在也不忙，就休息一会儿吧。

反正我也要去图书馆，可以顺便帮你把书还了。

7. 竟然、竟、居然

都强调事实的发生是说话人没想到的，很意外。

例：为了减肥，他竟然（竟、居然）整整一天没吃东西。

8. 大概、大约、也许、可能、恐怕

1）估计数量时，常用"大概、大约"加数量词。

例：这个箱子大概有二十斤重吧。

这次考试大约有三分之一的同学得了满分。

2）推测事情的发生、发展情况，常用"可能、也许、大概"加谓词。

例：这件事大概和他有关。

她也许是没看到你，不然不会不和你打招呼的。

3）"恐怕"也可以用来表示对事情的推测，但多指担心发生不好的事情。

例：要下雨了，他恐怕不会来了。

最近学习不太努力，我这次考试恐怕要不及格了。

考题实战

一、完成句子。

1. 我们　明年春天　计划　结婚

_____。

2. 你　我们没法　这样　无理取闹　工作了

_____。

3. 同学们　下雨了　就要　快回家　吧

_____。

4. 你　还是　辣的　喜欢吃　不辣的菜

_____？

5. 中国的　没有　人　不知道　万里长城

_____。

6. 我　你的要求　恐怕　答应　不能

_____。

7. 他　是　公正廉洁的　一个　好领导

_____。

8. 告诉我　他　居然　这么重要的事　没有

_____。

9. 你　难道　体谅一下　不能　她的难处　吗

_____？

10. 他　年龄不大　倒　做事　挺成熟的

_____。

参考答案：

1. 我们计划明年春天结婚。

2. 你这样无理取闹，我们没法工作了。

3. 就要下雨了，同学们快回家吧。／同学们，就要下雨了，快回家吧。

4. 你喜欢吃辣的还是不辣的菜？

5. 没有人不知道中国的万里长城。／中国的万里长城没有人不知道。

6. 我恐怕不能答应你的要求。／你的要求我恐怕不能答应。

7. 他是一个公正廉洁的好领导。

8. 他居然没有告诉我这么重要的事。／这么重要的事他居然没有告诉我。

9. 你难道不能体谅一下她的难处吗？

10. 他年龄不大，做事倒挺成熟的。

请沿虚线折一下

二、请结合每张图片写一篇 80 字左右的短文。

_____

_____

_____

_____

_____

_____

_____

_____

_____

_____

提示与答案：

1. 看图，提出问题。

1）她们两个人可能是什么关系？母女关系、亲戚关系……

2）她们在做什么？吃饭、对话……

3）她们可能在什么地方？餐厅、家里……

4）这张图片给你的感觉是什么？温馨、感动、开心……

2. 整理以上问题，进行想象，安排事情发展的顺序和过程，扩展成完整的一件事，书写短文。

　　在一家装修得干净整洁的餐厅里，妈妈带着两岁的女儿坐在餐桌前吃饭。女儿不会用筷子，直接用手拿饭往嘴里送。看着女儿吃饭的样子，妈妈觉得很有趣，开心地笑了。这是一幅多么温馨和令人感动的画面啊！

请沿虚线折一下

_____

_____

_____

_____

_____

_____

_____

_____

_____

_____

提示与答案：

1. 看图，提出问题。

1）这是什么标志？刚学会开车的人使用的标志。

2）在什么地方可以看到这种标志？汽车后窗玻璃或车身尾部。

3）它具有什么含义？新手上路，请多多理解、包涵。

4）你看到后会产生什么想法？离它远一点儿，慢一点儿可以理解。

2. 整理以上问题，进行想象，安排事情发展的顺序和过程，扩展成完整的一件事，书写短文。

　　你在路上开车的时候，有没有看到过前边车上贴着一个"实习"标志？你知道它包含的意义吗？它代表着：对不起，我开车还不熟练，请不要按喇叭催我！请离我远一点儿！原谅我吧，我不是故意的！你能理解这些初学者的心情吗？相信你可以，毕竟我们也曾经是初学者。

请沿虚线折一下

◆ 生词

无理取闹　wúlǐ-qǔnào	make trouble wilfully; be very unreasonable 트집을 부리다 理由なく悶着を起こす，わざと挑発的なことをする
公正　gōngzhèng（形）	fair; just 공정하다 公正である
廉洁　liánjié（形）	honest and clean; incorruptible 청렴하다 廉潔である，公益を損なって私腹を肥やすことをしない
领导　lǐngdǎo（名）	leader; leadership 지도자 指導者
居然　jūrán（副）	unexpectedly; to one's surprise 뜻밖에 意外にも，なんと
体谅　tǐliàng（动）	give sympathetic consideration to 이해하다 思いやる，同情する
难处　nánchù（名）	difficulty; trouble 어려움 難しいところ，困ったこと
成熟　chéngshú（形）	mature 성숙하다 事や時機が熟する，完全な程度に達する
温馨　wēnxīn（形）	cosy; warm; pleasant 따스하다，아늑하다 暖かい

装修	zhuāngxiū（动）	fit up (a house, etc)
		꾸미다
		（窓・水道・塗装など家屋の）付帯工事をする，改修をする

画面	huàmiàn（名）	general appearance of a picture
		장면
		画面

玻璃	bōli（名）	glass
		유리
		ガラス

含义	hányì（名）	meaning; implication
		의미
		（字句の中に）含まれている意味

新手	xīnshǒu（名）	new hand; raw recruit
		초보자
		新米，初心者

包涵	bāohán（动）	excuse; forgive
		양해하다
		大目に見る，勘弁する

实习	shíxí（动）	exercise one's skill (in)
		실습하다
		実習する

喇叭	lǎba（名）	loudspeaker; horn (in a car)
		스피커
		ラッパ，ラッパ状の拡声器，（自動車）クラクション

催	cuī（动）	urge; hurry
		재촉하다
		促す，促進する

毕竟	bìjìng（副）	after all
		결국
		結局，つまり，さすがに

复习与练习

一、选择填空。

啊　吧　呢　反正　渐渐　到底

简直　大概　恐怕　难道

1. 你明天不会不来（　　　）？

2. 这座楼真高（　　　）！

3. 我想吃西红柿炒鸡蛋，你（　　　）？

4. 你（　　　）是怎么想的，快点儿说吧。

5. 雨（　　　）停了，天也（　　　）亮起

来了。

6. （　　　）还有很多时间，我们可以慢慢

走过去。

7. 今天干了太多活儿，我已经累得（　　　）

要站不起来了。

8. 他昨天晚上（　　　）八九点钟才回来。

9. 开会时间已经改到下周了，（　　　）你

不知道吗？

10. 从出门就一直堵车，（　　　）要迟到了。

参考答案：

1. 你明天不会不来（吧）？

2. 这座楼真高（啊）！

3. 我想吃西红柿炒鸡蛋，你（呢）？

4. 你（到底）是怎么想的，快点儿
说吧。

5. 雨（渐渐）停了，天也（渐渐）
亮起来了。

6. （反正）还有很多时间，我们可以
慢慢走过去。

7. 今天干了太多活儿，我已经累得
（简直）要站不起来了。

8. 他昨天晚上（大概）八九点钟才
回来。

9. 开会时间已经改到下周了，（难
道）你不知道吗？

10. 从出门就一直堵车，（恐怕）要迟
到了。

二、改错句。

1. 他一直一个人生活，真不容易吧！

参考答案：

1. 他一直一个人生活，真不容易
啊！

2. 难道你不相信我呢？

_____

3. 他的汉字写得可漂亮！

_____

4. 你到底来不来，快决定呢。

_____

5. 虽然你说的是对的，却他根本没听进去。

_____

6. 听说他女儿考上重点大学了，难得他最近这么高兴。

_____

7. 走路十几分钟就到了，何苦坐车呢？

_____

8. 你们是不是明天就回国了吧？

_____

9. 秋天来了，天气逐步变冷了。

_____

10. 你今天是走路来的还是坐车来的吗？

_____

2. 难道你不相信我吗？

3. 他的汉字写得可漂亮了！

4. 你到底来不来，快决定吧。

5. 虽然你说的是对的，但他却根本没听进去。

6. 听说他女儿考上重点大学了，难怪他最近这么高兴。

7. 走路十几分钟就到了，何必坐车呢？

8. 你们是不是明天就回国了？

9. 秋天来了，天气渐渐（逐渐）变冷了。

10. 你今天是走路来的还是坐车来的？

三、请结合这张图片写一篇 80 字左右的短文。

小心地滑

1. 看图，提出问题，并列举可能的答案。

如：

1) 这个标志是什么意思？小心地滑。

2) ＿＿＿＿＿＿＿＿＿＿＿＿＿＿＿＿＿＿

3) ＿＿＿＿＿＿＿＿＿＿＿＿＿＿＿＿＿＿

4) ＿＿＿＿＿＿＿＿＿＿＿＿＿＿＿＿＿＿

2. 整理以上问题，进行想象，安排事情发展
   的顺序和过程，扩展成完整的一件事，书
   写短文。

＿＿＿＿＿＿＿＿＿＿＿＿＿＿＿＿＿＿＿＿

＿＿＿＿＿＿＿＿＿＿＿＿＿＿＿＿＿＿＿＿

＿＿＿＿＿＿＿＿＿＿＿＿＿＿＿＿＿＿＿＿

＿＿＿＿＿＿＿＿＿＿＿＿＿＿＿＿＿＿＿＿

＿＿＿＿＿＿＿＿＿＿＿＿＿＿＿＿＿＿＿＿

＿＿＿＿＿＿＿＿＿＿＿＿＿＿＿＿＿＿＿＿

提示与答案：

1.

2) 这个标志的作用是什么？提醒人
   们注意地面安全。

3) 一般在哪里可以看到这个标志？
   餐厅、宾馆……

4) 看到这个标志你会怎样做？走慢
   一点儿，仔细看路……

2. 上面这个标志，你在中国的餐
   厅、宾馆等地方应该都看到过吧？
   这是一个温馨的提示，它告诉经过
   的人们：这里路面有些湿滑，要注
   意安全。那么，你看到这个标志
   的第一反应是什么呢？是不是要放
   慢速度，低头看一看脚下呢？

请沿虚线折一下

复句（一）和介词（一）

　　"复句"是指由两个或两个以上意义上有联系的分句构成的句子。分句类似于单句，但没有完整的语调。复句中的各分句之间有较小的停顿，用逗号或分号、冒号表示。复句全句句末有较大语气的停顿，有统一的语调，句末标点用句号或问号、叹号。复句的分句在结构上是独立的，一个分句不能做另一个分句的成分。看下面的句子，你能分辨出哪个是单句、哪个是复句吗？

　　他不但知道，还知道得很清楚。（复句）

　　他清楚地知道我和妈妈是坐船来的。（单句）

　　我看到树上盛开的花朵、从枝头飞过的小鸟和蓝天上白色的云朵。（单句）

　　分句之间的逻辑关系一般由关联词来表示。关联词大多是连词，也有少量副词。根据分句之间的关系，复句可以分成十种类型。今天我们就来学习表示并列、递进、承接、选择四种关系的复句。

　　今天的词语部分，我们来了解一下汉语中常用的介词。

考点解析

并列、递进、承接、选择四种关系复句及介词的用法和辨析

一、复句

（一）并列关系复句

　　并列关系的复句，各分句之间的语法关系是平等的，在意思上是并列的。

1. 一边……，一边……：连接两个具体的动作，不能连接形容词。

　　例：我们一边走，一边聊天。

她一边看电视，一边洗衣服。

2. 一方面……，一方面……：连接两件相关的事或同一件事的两方面。

例：我来中国一方面是学习汉语，一方面是想了解中国文化。

他一方面照顾孩子，一方面照顾老人，很辛苦。

3. 既……，又……：表示两种性质、或情况同时存在，语气上往往强调后者。

例：绿色植物既能美化环境，又能帮助净化空气。

她既是我的姐姐，又是我的好朋友。

4. 又……，又……：多用在主语相同的句子中，表示两种性质或情况同时存在，且重要性相同。

例：她又会说汉语，又会说英语。

联欢会上，孩子们又是唱歌，又是跳舞，高兴极了。

5. 有时……，有时……：表示一段时间出现这种状态或动作，另一段时间出现另一种状态或动作。

例：他有时很听话，有时又很淘气。

鸟儿们有时在天空中展翅高飞，有时在树枝上婉转啼叫。

6. 一会儿……，一会儿……：表示两种情况交替出现。

例：他一会儿上网，一会儿玩游戏，总是不能专心学习。

你一会儿说去，一会儿又说不去，到底去不去啊？

7. 不是……，而是……：否定前一种情况，肯定后一种情况。

例：学习的目的不是为了取得高分，而是为了学到更多知识，懂得更多道理，为社会做出贡献。

不是我不想帮你，而是这件事实在超出我的能力。

（二）递进关系复句

递进关系复句中，后一分句的意思比前一分句的意思更进一步。

1. 不但（不仅、不光、不只）……，而且（也、还）……：表示意思更进一步，使用时要注意主语的位置。

例：她不但会说中文，而且说得很流利。（同一个主语，在关联词前）

不但我信任他，而且以前反对他的人也信任他了。（不同的主语，在关联词后）

2. 不但……，连……都（也）……：用隐含的比较进一步强调某方面的情况。

例：这道题不但学生不会做，连老师也研究了很久才做出来。（强调题目难）

他不但花光了上个月的钱，连这个月的也已经花光了。（强调花钱多）

3. ……，何况……呢？：用反问表示更进一步。

例：天气这么冷，大人都受不了，何况孩子呢？

家里这点儿小事都处理不了，何况公司里那么大的事呢？

4. ……，甚至……：用某个突出的例子进一步说明自己的观点。

例：他最近特别忙，经常加班加点，有时甚至加班到夜里 12 点多。

5. 不但不（没）……，反而（反倒）……：后一分句引出与正常情况相反的内容，含有"没想到、不应该"的意思。

例：春天到了，天气不但不暖和，反倒更冷了。

前面是红灯，他不但没停车，反而冲了过去。

（三）承接关系复句

承接关系的复句，各分句按时间、空间或逻辑顺序描述连续的动作或完整的事件，各分句之间有先后相承的关系。

1. 先……，然后（又、再）……：后一分句用"再"表示事情还未发生，用"又"表示事情已经发生了。

例：我们先把作业做完，再去看电影吧。

这次旅行，我们先去了上海，然后又去了苏州和无锡。

我上午先去超市买了些吃的，又去图书馆借了几本书。

2. 起初……，后来……：只能用于描述过去的动作情况。

例：起初他不相信那是真的，后来在事实面前不得不相信了。

3. ……，于是……：后一事紧接着前一事发生，二者有因果关系。

例：人越来越多，于是我们就去别的地方游览了。

4. 刚（一）……，便（就）……：表示前后两个动作连接很紧。

例：她刚下飞机，便给妈妈打电话。

他一回家，就倒在床上睡着了。

（四）选择关系复句

选择关系的复句，各分句说明几种情况，让人从这些情况中进行选择。

1. 或者……，或者……：只能用于陈述句。

　　例：或者明天去，或者后天去，都可以。

　　　　周末最轻松，或者找朋友聊天，或者逛街购物。

2. 是……，还是……：一般用于疑问句。

　　例：你是上午出发，还是下午出发？

　　　　我们是坐车过去，还是走过去？

3. 不是……，就是……：表示只有这两种情况，没有其他的。

　　例：他很忙，不是在工地检查工作，就是在会议室开会。

　　　　这个电话不是找老王的，就是找小李的，就他俩电话多。

4. 要么……，要么……：也表示二者选一，常用来提出建议，让人从中选择。

　　例：要么你去，要么我去，反正得有人去。

　　　　我们要么坐公交车去，要么打车去，走路去太远了。

5. 宁可（宁愿、宁肯）A……，也不 B：表示 A 和 B 比较，虽然 A 不好，但 B 更不好，所以还是选择 A。

　　例：我宁愿走路，也不坐你开的车。

　　　　他这个人很虚伪，我宁可一个人受累，也不要他的帮助。

6. 与其 A……，不如 B……：表示 A 和 B 比较，B 更好一些，所以选择 B。

　　例：天气这么好，与其在屋里看电视，不如出去走走。

　　　　与其直接把答案告诉你，不如告诉你解题的思路。

二、介词

　　介词和副词一样，也是 HSK 五级考试考查的一项重要内容。从今天起，我们一起来研究一下介词。首先我们要了解一下介词的种类和主要用法，然后我们一起学习一些常用介词的用法以及怎样辨析它们。

　　介词主要放在名词、代词或名词性短语前，组成介词词组，用来修饰动词、形容词。常用的介词有：

1. 引进时间：从、自、由、打、自从、在、于、当、离、距

2. 引进处所：从、自、由、打、在、于、离、距

3. 引进方向：朝、向、往、沿着、顺着

4. 引进对象：和、跟、同、与、把、将、被、让、叫、对、对于、关于、给、为、替、朝、向、比、就、连、除了、除

5. 引进凭借、依据：按、按照、依照、依、照、据、根据、以、凭、由、拿、趁

6. 引进原因、目的：为了、为、由、以

（一）介词的用法和位置

1. 介词一般不单独使用，要和后面的名词、代词或名词性短语构成介词短语。

　　例：他从日本坐飞机来我们这里。

2. 介词短语一般有三种用法：

　　1）做定语，修饰名词或名词性短语，中间要加"的"。

　　例：民间流传着许多关于狐狸的故事。

　　2）做状语，一般放在谓语的前面，"根据、随着、关于、至于、自从、当"等介词构成的短语一般放在主语前面。

　　例：他对烹饪一点儿都不感兴趣。

　　　　随着生活水平的提高，人们越来越重视对孩子的教育。

　　3）做补语，一般放在谓语的后面，这样的情况不多，主要为"于、向、往、自、在"等介词构成的介词短语。

　　例：我毕业于北京大学。

　　　　作文的字数不能少于800字。

3. 介词短语一般不能独立使用，但在对话环境中，有时可以单独回答问题。

　　例：——下午在哪儿开会？——在大会议室。

　　　　——这篇文章是关于什么的？——关于怎样改进工作流程。

4. 介词后不能带"了、着、过"等动态助词。"朝着、随着、沿着、为了、除了"等词语中的"着、了"不是动态助词，而是这些词语本身的构成成分。

（二）介词辨析

1. 从、自、由、打

　　1）都可以引出动作开始的时间、地方。

　　例：我们今天下午从（自、由、打）一点开始上课。

　　　　从（自、由、打）这儿往南，再走大约 300 米就到了。

　　2）"自"一般用在比较书面化的表达语句中。

　　例：自那时候起，他们就再也没见过面。

　　　　自凌晨五时起，该地区封闭禁行。

　　　　列车自东向西行驶。

　　"自"构成的介词短语可以用在动词后面做补语。

　　例：同学们来自五湖四海。

　　　　这个成语出自《论语》。

　　3）"打"一般用在比较口语化的表达语句中。

　　例：你这是打哪儿来啊?

　　　　打明天起，你就不用来上班了。

　　4）"由"可用于引出动作者。

　　例：这项工作由他负责。

　　"由"还可用于引出原因。

　　例：他的肺炎是由感冒引起的。

2. 对、跟、给

　　1）都可以引进动作的对象，有时可以互换。

　　例：他给（跟、对）大家解释了这么做的原因。

　　　　这是你的错，你给（跟、对）他道歉吧。

　　2）"对"用于引进动作对象，强调态度。

　　例：同学们对我很热情。

　　　　我们都对这本书很感兴趣。

　　一些固定搭配：

　　例：对……热情（满意、冷淡）、对……充满信心、对……说（笑、喊、嚷）、

对……感兴趣、对……有帮助（好处）

3)"跟"一般用于引进一起完成动作的人。

例：他不想跟我见面。

这件事需要跟大家商量商量。

一些固定搭配：

例：跟……比、跟……商量、跟……结婚、跟……争吵、跟……有（没有）关系

"跟"还表示"从……那里、向"的意思。

例：我跟你打听一件事。

这本书你是跟谁借的？

到底是怎么一回事，你快跟大家说说。

4)"给"可以引进交付、传递动作的接受者。

例：家里给我寄了一个包裹。

请你把这份阅读材料发给同学们。

引进动作的受益者或受害者。

例：医生正在给病人看病。（受益者）

你怎么把屋子给我弄得乱七八糟的？（受害者）

表示"朝、向、对"。

例：同学们给老师行礼。

妈妈给宝宝讲故事。

"给"还可以用于祈使句，加强命令语气。

例：你给我走，我不想见到你！

"给"还可以用于"把"字句、"被"字句中，放在动词前面，表示强调，可以省略。

例：他把我的电脑给弄坏了。

我的书被朋友给借走了。

3. 对、朝、向、往

1)"对、朝、向"可以引进动作的对象，它们有时可以互换使用，但又有不同。

例：他对（朝、向）我挥了挥手。

"对"可以表示"对待"的意思，"朝、向"没有这种意思。

例：他对我非常热情。

"朝"一般只用在跟身体动作有关的动词前面。

例：他朝（对、向）我点了点头。

"向"后面可用抽象动词，组成"向……说明（解释、介绍、表示）"等搭配。

例：我向大家表示感谢。

毕业了，同学们向老师告别。

2）"朝、向、往"都可以引进动作的方向。

例：火车朝（向、往）北京开去。

他朝（向、往）窗外看了看。

"向、往"都可以用在动词后，"朝"不能。

例：走向……、奔向……、冲向……、飞向……、流向……

开往……、飞往……、通往……、送往……、驶往……

"向"后可用具体处所名词，也可用抽象名词。

例：这条小路是通向果园的。

迈开大步，奔向未来。

"往"后一般跟具体处所词。

例：新疆的哈密瓜源源不断地运往全国各地。

332 路公共汽车是开往动物园的。

4. 对、对于

这两个词都可以表示人、事物、行为之间的对待关系。"对于"都可以换成"对"，但"对"不能都换成"对于"。

1）表示事物的名词或名词词组前，可以用"对"，也可以用"对于"；表示人与人之间的关系，只能用"对"。

例：对（对于）这起交通事故，一定要进行详细的调查。

到了晚年，他对（对于）时间抓得更紧了。

他对孩子要求很严格。（不能用"对于"）

2）"对于"只能用在句首或主语后，"对"除了可以用在句首或主语后，也可用在能愿动词或副词后。

例：对（对于）这件事，我们会做出安排的

我们对（对于）这件事会做出安排的。

我们会对这件事做出安排的。（不能用"对于"）

我们都对这本书很感兴趣。（不能用"对于"）

3）"对（对于）……来说"表示从某人或某事的角度看。

例：对（对于）学外语来说，语言环境太重要了。

对（对于）我们来说，没有克服不了的困难。

5. 对于、关于

1）"关于"表示关联、涉及的事物，是客观的介绍。

例：关于这次旅行的具体安排，我们下周再通知大家。

"对于"指出动作的对象或主语对某事物的态度，强调主观看法感受。

例：对于中国文化，我很感兴趣。

当两种意思都有，且都在主语前时，二者可以互换。

例：关于（对于）这个问题，你们有什么看法？

2）"关于……"做状语，只能用在主语前；"对于……"做状语，用在主语前后都可以。

例：关于这座山，村子里有个美丽的传说。（× 村子里关于这座山……）

对于历史研究，我很感兴趣。（＝ 我对于历史研究……）

6. 关于、至于

1）用"关于"的句子只有一个话题，而"至于"是在原话题之外引进另一个话题。

例：这只是我个人的想法，至于行不行，还得看大家的意见。

2）"至于"也可以做动词，表示发展到某种程度，常用否定形式"不至于"和反问形式"至于……吗"，表示情况不会、不可能发展到某种地步，前面常加"才、还、总、也、该、倒"等副词，后面多跟不希望发生的情况。

例：我只是有点儿感冒，还不至于住院。

你要是早去医院看看，至于病成这样吗？

7. 在

1）"在"后面可跟表示处所、范围、时间的词。

例：请不要在教室抽烟。（处所）

这篇论文在某些方面还存在问题。（范围）

飞机将在晚上 8 点起飞。（时间）

2）"在"常与方位词"上、下、中、里、内、外、前、后、中间、之中、之间、之前、之后"等一起使用，表示时间、处所、范围、条件等。

例：在他出差之前，我们还见了一面呢。（时间）

他在图书馆里看了一天书。（处所）

3）表示出生、发生、产生、居住的处所时，"在……"可以用在动词后，也可以用在动词前。

例：他出生在韩国。（＝ 他在韩国出生。）

万物都生长在阳光下。（＝ 万物都在阳光下生长。）

4）当表示动作到达的处所，即动词为"扔、掉、打、照、沉浸、坐落"等时，"在……"只能用在动词后。

例：你的钱掉在地上了。

他把衣服都扔在地上了。

5）固定格式：

"在……看来"：用来表示某人的观点。

例：在我看来，金钱和地位都不是最重要的东西。

"在……上（方面）"：主要用来表示方面、范围。

例：他在学习上很努力。

张老师在对外汉语教学研究方面很有成就。

"在……中"：用来表示环境、范围、过程。

例：我们要在困难中不断磨炼自己。（环境）

他在比赛中发挥失常，没能得到前三名。（过程）

"在……下"：用来表示条件、情况。

例：在老师的指导下，他终于取得了第一名的好成绩。（条件）

在这么困难的情况下，你还能完成这项任务，真不容易。（情况）

考题实战

一、完成句子。

1. 这个姑娘　而且　热情活泼　不仅
   聪明伶俐

   _____。

2. 凉亭　乘凉的　是人们　又美观　场所
   既实用

   _____。

3. 这里　电视节目　几十套　甚至　能看到
   上百套

   _____。

4. 先　我们　然后　写完作业　再
   去听音乐会

   _____。

5. 打了个电话　刚　下火车　他　便
   给女朋友

   _____。

6. 在办公室　他　不是　在会议室　就是

   _____。

7. 这是　中国历史的　一本　关于　书

   _____。

8. 2008 年　毕业　安娜　于　北京语言大学

   _____。

9. 这条公路　通往　一直　山区

   _____。

10. 我们学校　在　郊区　环境优美的　坐落

    _____。

参考答案：

1. 这个姑娘不仅聪明伶俐，而且热情活泼。／这个姑娘不仅热情活泼，而且聪明伶俐。

2. 凉亭是人们乘凉的场所，既实用又美观。／凉亭既实用又美观，是人们乘凉的场所。

3. 这里能看到几十套甚至上百套电视节目。

4. 我们先写完作业，然后再去听音乐会。

5. 他刚下火车，便给女朋友打了个电话。／刚下火车，他便给女朋友打了个电话。

6. 他不是在办公室，就是在会议室。／他不是在会议室，就是在办公室。

7. 这是一本关于中国历史的书。

8. 安娜 2008 年毕业于北京语言大学。

9. 这条公路一直通往山区。

10. 我们学校坐落在环境优美的郊区。

二、请结合每张图片写一篇 80 字左右的短文。

_____

_____

_____

_____

_____

_____

_____

_____

_____

_____

_____

提示与答案：

1. 看图，提出问题。

1）牌子上写的是什么？水深危险，小心落水。

2）牌子可能出现在什么地方？湖边、河边、码头……

3）放牌子的目的是什么？提醒大家注意，提醒大家这里比较危险，告诉大家这里水很深……

4）看到这个牌子后，你会怎样？离危险的地方远一点儿，不要离岸边太近……

2. 整理以上问题，进行想象，安排事情发展的顺序和过程，扩展成完整的一件事，书写短文。

　　上周末我和朋友们一起去郊区游玩。我们看到了美丽的青山绿水。在美丽的青龙湖畔，我们看到了这样一个牌子："水深危险，小心落水。"我们想，这里是不是曾经有人掉下水了呢？不管怎么说，我们出去旅行的时候一定要注意安全，远离危险之地。

请沿虚线折一下

_____

_____

_____

_____

_____

_____

_____

_____

_____

提示与答案：

1. 看图，提出问题。

1）图片上都有什么？各种水果：苹果、葡萄、香蕉、草莓……

2）你的感觉是怎样的？想吃一口、伸手拿过来、太美味了、流口水……

3）吃水果都有哪些好处？补充维生素、补充水分、美容养颜……

4）你最喜欢哪种水果？桃子、西瓜、榴莲……

2. 整理以上问题，进行想象，安排事情发展的顺序和过程，扩展成完整的一件事，书写短文。

　　水果是我们日常生活中不可缺少的一种食物。吃水果可以补充维生素和水分，据说还可以美容养颜，而且水果的味道鲜美，价格也不贵，所以，我们为什么不多吃一点儿呢？我最喜欢吃水果了，对各种水果都是来者不拒，包括味道奇特的榴莲。

◆ 生词

伶俐	línglì（形）	clever; bright 영리하다 利口である
凉亭	liángtíng（名）	wayside pavilion; summerhouse 정자 あずまや，亭
乘凉	chéngliáng（动）	relax in a cool place 시원한 바람을 쐬다 涼む
美观	měiguān（形）	pleasing to the eye; beautiful 아름답다，보기 좋다 美しい，きれいである
实用	shíyòng（形）	practical; applied 실용적이다 実用的である
公路	gōnglù（名）	road; highway 도로 自動車道路，（国家あるいは地方自治体が建設し管理する）道路
山区	shānqū（名）	mountainous area 산지 山地，山岳地帯
郊区	jiāoqū（名）	suburbs 교외 近郊地区，郊外
坐落	zuòluò（动）	(of a building) be located 위치하다 （建築物が）位置する，～にある
落水	luòshuǐ（动）	fall into water 물에 빠지다 水に落ちる
码头	mǎtóu（名）	wharf; dock 부두 埠頭，港

畔　pàn（名）	side; bank 가 （川や湖の）岸，ほとり
草莓　cǎoméi（名）	strawberry 딸기 イチゴ
补充　bǔchōng（动）	supplement; complement 보충하다 補充する，補足する
维生素　wéishēngsù（名）	vitamin 비타민 ビタミン
美容　měiróng（动）	improve one's looks 미용하다 （容貌を）美しくする
榴莲　liúlián（名）	durian 두리언 ドリアン
据说　jùshuō（动）	it is said/alleged (that) 에 의하면 …라 한다 （人の）言うところによれば，聞くところによれば
养颜　yǎngyán（动）	improve one's facial skin 피부를 관리하다 顔の肌をきれいにする，美顔する
鲜美　xiānměi（形）	fresh and delicious; tasty 신선하다 味がよい，おいしい
来者不拒　láizhě-bújù	accept everything 거절하지 않다 来る者は拒まず
奇特　qítè（形）	peculiar; unusual 특이하다 珍しい

复习与练习

一、选择填空。

由 从 自 对 后来 然后

一边……一边…… 既……又……

与其……不如…… 宁可……也不……

1. 这些东西是（　　　）哪儿弄来的？

2. （　　　）去年以来，他一直专注于这项研究。

3. 这个问题（　　　）他负责解决。

4. 店里的服务员（　　　）顾客特别热情。

5. 第一次参加这样的活动，孩子们（　　　）紧张（　　　）兴奋。

6. 他（　　　）唱着歌，（　　　）修自行车。

7. 我（　　　）今天辛苦一些，（　　　）想把这件事留到明天再做。

8. （　　　）说这是在批评他，（　　　）说是在鼓励他。

9. 吃完晚饭之后，我们常先在校园里散一会儿步，（　　　）回宿舍学习。

10. 开始他还给我写信，（　　　）就一点儿消息也没有了。

参考答案：

1. 这些东西是（从）哪儿弄来的？

2. （自、从）去年以来，他一直专注于这项研究。

3. 这个问题（由）他负责解决。

4. 店里的服务员（对）顾客特别热情。

5. 第一次参加这样的活动，孩子们（既）紧张（又）兴奋。

6. 他（一边）唱着歌，（一边）修自行车。

7. 我（宁可）今天辛苦一些，(也不)想把这件事留到明天再做。

8. (与其)说这是在批评他，(不如)说是在鼓励他。

9. 吃完晚饭之后，我们常先在校园里散一会儿步,(然后)回宿舍学习。

10. 开始他还给我写信，（后来）就一点儿消息也没有了。

二、改错句。

1. 我现在住在的那家宾馆条件好极了。

_____

参考答案：

1. 我现在住在的那家宾馆条件好极了。

2. 老师关于我的学习很关心。

_____

3. 他在同学很有威信。

_____

4. 他们热情地帮助了我，我非常感谢对他
们。

_____

5. 这个小山村跟城市很远。

_____

6. 离我家到学校差不多有 10 公里的路程。

_____

7. 我们应该多朝好的同学学习。

_____

8. 第一次见面我就觉得他是个好人，以后
证明我的感觉是对的。

_____

9. 你是学这个专业的都不懂，况且我呢？

_____

10. 我宁可把这本书看完，也不吃饭。

_____

2. 老师对我的学习很关心。

3. 他在同学中很有威信。

4. 他们热情地帮助了我，我非常感
谢他们。

5. 这个小山村离城市很远。

6. 从我家到学校差不多有 10 公里的
路程。

7. 我们应该多向好的同学学习。

8. 第一次见面我就觉得他是个好
人，后来证明我的感觉是对的。

9. 你是学这个专业的都不懂，何况
我呢？

10. 我宁可不吃饭，也要把这本书
看完。

请沿虚线折一下

三、请结合这张图片写一篇 80 字左右的短文。

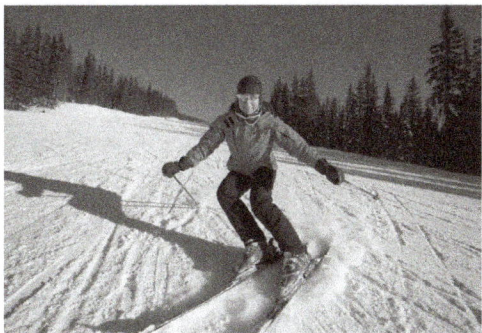

1. 看图，提出问题，并列举可能的答案。

如：

1) 图片上的人正在做什么？滑雪。

2) ＿＿＿＿＿＿＿＿＿＿＿＿＿＿＿＿＿

3) ＿＿＿＿＿＿＿＿＿＿＿＿＿＿＿＿＿

4) ＿＿＿＿＿＿＿＿＿＿＿＿＿＿＿＿＿

2. 整理以上问题，进行想象，安排事情发展的顺序和过程，扩展成完整的一件事，书写短文。

＿＿＿＿＿＿＿＿＿＿＿＿＿＿＿＿＿

＿＿＿＿＿＿＿＿＿＿＿＿＿＿＿＿＿

＿＿＿＿＿＿＿＿＿＿＿＿＿＿＿＿＿

＿＿＿＿＿＿＿＿＿＿＿＿＿＿＿＿＿

＿＿＿＿＿＿＿＿＿＿＿＿＿＿＿＿＿

提示与答案：

1.

2) 你滑过雪吗？滑过、没有……

3) 你知道哪里可以滑雪吗？北方地区……

4) 你的感觉是怎样的？喜欢、不喜欢、刺激、兴奋、期待……

2. 　　上个星期六，我和朋友们一起到密云滑雪场滑雪。这是我第一次滑雪，心里既兴奋又紧张，看着那些滑雪高手自由自在地从高处飞驰而下，还有他们那潇洒自如的样子，我羡慕极了，什么时候我才能像他们那样啊？

请沿虚线折一下

星 期 四

复句（二）和介词（二）

今天，我们继续学习复句部分。今天给大家介绍的是表示转折、让步、条件关系的复句，让我们一起看看吧。

词语部分，我们继续辨析几组常用的介词。

考点解析

转折、让步、条件三种关系复句及部分介词辨析

一、复句

（一）转折关系复句

在转折关系的复句中，前后两个分句的意思相反。

1. 虽然……，但是（可是）……：转折语气较重，前后两分句的意思明显相反。

例：虽然失败了很多次，但是他并不灰心。

这篇课文虽然不长，可是生词不少。

2. 虽然……，却……："却"是副词，表示转折，只能放在主语后。

例：虽然认识的时间不长，他们却像老朋友一样无话不说。

虽然是秋天了，天气却一点儿也不见凉快。

3. ……，然而……：表示转折，多用于书面语。

例：实验失败了很多次，然而他并不灰心。

这本书的书名很吸引读者眼球，然而并没有什么实质内容。

4. ……，而……则……：多用于书面语，强调前后两者不同，这个结构中要注意主语的位置。

例：冬季北方寒冷干燥，而南方则温暖湿润。

西方人的性格偏向外向直爽，而东方人则偏向内敛温婉。

5. ……，……反而（反倒）……：前面是某一事实，后面是没想到的、不正常的情况。"反而、反倒"是副词，用在主语后。

例：他年纪大了，身体反而更好了。

我让他走慢点儿，他反倒走得更快了。

6. ……，不过（只是、就是）……：转折语气较轻，前后分句意义上的转折不明显。

例：他学习很认真，不过还要注意方法。

我很想去看电影，只是没有时间。

（二）让步关系复句

让步关系复句中，前一分句承认某一事实（真实的或假设的），做出让步，后一分句从相对或相反的方面提出看法。

1. 尽管……，但是（但、却）……：先承认某一事实，再转折。

例：尽管我很想答应他，现实却不允许我这么做。

尽管他不接受我的意见，但我还是要告诉他。

2. 即使……，也……：先假设某一情况，再说明自己的观点。

例：即使你不答应，我也要去。

3. 就是（哪怕）……，也……：一般用于口语。

例：就是（哪怕）遇到再大的困难，我们也要坚持下去。

（三）条件关系复句

条件关系复句中，前一分句提出条件，后一分句说明满足条件以后的结果。

1. 只有……，才……：表示必须满足前一分句提出的条件，才能出现后一分句的结果。

例：只有多听多说，才能学好汉语。

只有他答应了我的条件，我才能把这件事告诉他。

2. 除非……，否则（要不然）……：前一分句提出必要条件，后一分句说明不满足条件时的结果。

例：除非你有真才实学，否则很难在社会竞争中立足。

除非你答应我的条件，要不然我什么也不告诉你。

3. 只要……，就……：前一分句提出的是充分条件，满足这个条件时，一定会出现某种结果。

例：只要我们有信心，就一定能克服困难。

只要明天不下雨，我就带你去动物园。

4. 凡是……，都……：表示只要在这个范围内，就没有例外。

例：凡是有道德的人，都懂得保护环境。

凡是老师上课讲的内容，都是考试范围内的。

5. 不管（无论）……，都……：表示在任何条件下都会产生同样的结果。前一分句一般用疑问句的形式来包含所有的情况，后一分句说明一定会出现的结果。

例：不管每天工作有多累，他都坚持锻炼身体。

无论你是谁，都不能违反法律。

二、介词

1. 于

"于"一般用于书面表达形式。

1）表示时间，相当于"在"，可用在动词前或动词后。

例：中华人民共和国成立于 1949 年。

他将于 9 月 8 日离开上海。

2）表示对象，相当于"对"，可用在动词前或动词后。

例：跑步有利于健康。

跑步于健康有利。

环保于社会、于个人都有好处。

3）表示处所、来源，一般跟在动词后。

例：王芳 1998 年毕业于北京大学。

这部电影取材于一个真实的故事。

4）表示比较，相当于"比、跟"，用在动词、形容词后。

例：有的人的死重于泰山，有的人的死轻于鸿毛。

这个塔相当于十层楼那么高。

5）表示方向（较抽象）、目标，一般跟在动词后。

例：他从十五岁起就献身于革命。

她一直致力于医学研究。

2. 为、为了、以

1）这三个词都可以表示目的，"为、为了"一般用在句首或主语后面做状语。

例：为（为了）学好汉语，他想了不少办法。

他为（为了）研究方言，多次深入边远山区做田野调查。

2）"以"表示目的时，是连词，用在两个动词短语或分句中间，一般用于书面语。

例：我们要节约开支，以降低生产成本。

3）"为"还可以表示"给、替"的意思。

例：他每星期都为报社写一篇文章。（给）

我在这儿很好，不用为我担心。（替）

"为"还可以表示原因。

例：我们都为这个好消息高兴。

4）"为……而……"表示原因、目的。

例：年轻的父母为有了孩子而开心。（原因）

他们在为美好的未来而努力学习。（目的）

"为了……而……"表示目的，"而"的前后是意义相反的动词或动词短语。

例：我们为了享受日后成功的喜悦而忍受今日失败的痛苦。

5）"以"作为介词，可以表示原因，"因为、由于"的意思。

例：桂林以秀丽的山水而闻名天下。

"以"还有"用、凭借"的意思。

例：以他的实力，通过考试不成问题。

"以"还有"根据、按照"的意思。

例：他总以最高的标准来要求自己。

"以……为……"的意思是"把……当作……、认为……是……"。

例：我们要以他为榜样，做一个对社会有用的人。

北宋以东京（今河南开封）为都城。

3. 根据、据、按照、按

1）"根据"做介词，表示以某种事物或动作为前提基础。

例：根据大家的意见，我们修改了原来的计划。

根据我们的了解，他与此事无关。

"根据"还可以做名词，表示说话、办事、形成结论等的基础或原因。

例：我这样说是有根据的。

"根据"还可以做动词，表示以某种事物为依据。

例：教育学生应该根据因材施教的原则。

2）"据"作为介词，与"根据"的介词用法基本相同，但略有区别。

"据"可以跟单音节名词或"说、报、闻、传"等词组合，"根据"不能。

例：据实报告（＝根据事实报告）

　　据说他要走了（× 根据说……）

"据"后面可以跟"某人说、某人看来"这样的结构，用"根据"时，必须将这种结构改为名词性短语。

例：据他说，这次考试很容易。（＝根据他的说法，……）

　　据我看来，这件事还需要进一步调查。（＝根据我的看法，……）

3）"按照"做介词，表示依照某种标准，也可用"按"。

例：按（按照）规定，我们得 8 点前到学校。

当后面是单音节名词时，要用"按"，不用"按照"。"按"后面还可以跟"着"。

例：按时完成（× 按照时完成）

　　按着我说的做。

4. 凭、靠

1）这两个词都可以引进动作行为的凭借或依靠，后面可加"着"。"凭"更强调自身的条件；"靠"的条件没有限定，自身的、他人的都可以。

例：他凭（靠）自己的实力，找到了一份好工作。

　　靠父母的资助，他去往英国留学。

2）"凭"还有"依据"的意思。

例：看电影要凭票入场。

3）"靠"可做动词，有"倚、接近"的意思。

例：他靠在椅子上睡了一觉。

　　小船慢慢靠近了岸边。

考题实战

一、完成句子。

1. 虽然　读起来　这个故事　很短
   却很有意思

   _____。

2. 我身上　天气虽然　但　很冷
   还在出汗呢

   _____。

3. 只有　才能　把这件事　同心协力　办好

   _____。

4. 否则　除非　你现在　肯定　要迟到了
   就出发

   _____。

5. 他　今天　平时沉默寡言　却
   滔滔不绝地说起来

   _____。

6. 你说错了　即使　也　不要紧

   _____。

7. 多大的障碍　我都会　不管　遇到
   坚持下去的

   _____。

8. 根据　原来的　老师的建议　计划
   我们修改了

   _____。

9. 凭着　他　自己的　获得了　奖学金
   努力

   _____。

10. 成功　而激动　年迈的父母　为
    孩子的

    _____。

参考答案：

1. 这个故事虽然很短，读起来却很有意思。

2. 天气虽然很冷，但我身上还在出汗呢。

3. 只有同心协力，才能把这件事办好。

4. 除非你现在就出发，否则肯定要迟到了。

5. 他平时沉默寡言，今天却滔滔不绝地说起来。

6. 即使你说错了，也不要紧。

7. 不管遇到多大的障碍，我都会坚持下去的。

8. 根据老师的建议，我们修改了原来的计划。

9. 他凭着自己的努力，获得了奖学金。／凭着自己的努力，他获得了奖学金。

10. 年迈的父母为孩子的成功而激动。

请沿虚线折一下

二、请结合每张图片写一篇 80 字左右的短文。

禁止带火种

_____

_____

_____

_____

_____

_____

_____

_____

_____

提示与答案:

1. 看图，提出问题。

1）这个警示牌上写的是什么？禁止带火种。

2）火种是什么？哪些东西可以作为火种？火种是指能点火的东西，如打火机、火柴等。

3）这个警示牌一般出现在什么地方？山上、森林、草原、公园……

4）放这个警示牌的目的是什么？提醒大家注意，告诉大家这里不能带火种，告诉大家这里可能容易发生火灾……

5）看到这个警示牌之后，你会怎样做？遵守规定，配合警示牌，丢掉身上的打火机等物品……

2. 整理以上问题，进行想象，安排事情发展的顺序和过程，扩展成完整的一件事，书写短文。

　　冬天到了。北京的冬天很干燥，很容易发生火灾，所以我们在山上、树木较多的公园都会看到"禁止带火种"的警示牌，它提醒游客不要带火种入内，以免发生意外，引发火灾。我们去这些地方游玩时也要注意，不要带打火机、火柴等物品，以免发生意外，危害大家的安全，造成不可估计的损失。

请沿虚线折一下

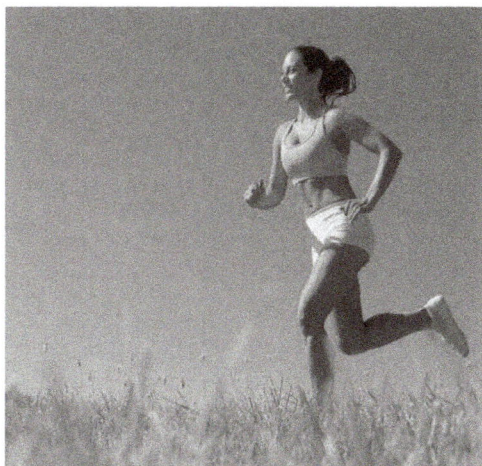

_____

_____

_____

_____

_____

_____

_____

_____

提示与答案：

1. 看图，提出问题。

1）她在做什么？跑步、运动、追人……

2）她可能在什么地方？公园里、马路边、草原上……

3）现在可能是什么时间？春天、夏天、秋天、早晨、傍晚……

4）她的穿着打扮是怎样的？短上衣、短裤、运动鞋……

5）你的感想是怎样的？她的身材很好、我也要去运动、运动好处很多……

2. 整理以上问题，进行想象，安排事情发展的顺序和过程，扩展成完整的一件事，书写短文。

　　一个秋天的早晨，公园里的步行道上远远跑来一个姑娘。只见她身穿短衣短裤，脚穿运动鞋，她的这身打扮再加上苗条健美的身材，一下子吸引了路人的目光。怎么样？你也快来加入到晨跑的队伍里来吧，既可以呼吸新鲜空气，又可以锻炼身体，何乐而不为呢？

◆ 生词

同心协力	tóngxīn-xiélì	work in full cooperation and with unity of purpose 한마음으로 협력하다 心を合わせて協力する
沉默寡言	chénmò-guǎyán	be taciturn; uncommunicative 과묵하다 寡黙である，口数が少ない
滔滔不绝	tāotāo-bùjué	pour out words in a steady flow; speak unceasingly 쉴새없이 말하다 絶え間なく流れる，滔々と述べ立てる
障碍　zhàng'ài（名）		obstacle; obstruction 장애 障害
修改　xiūgǎi（动）		revise; modify 고치다 （文章や計画などを）改正する，改訂する
奖学金　jiǎngxuéjīn（名）		scholarship 장학금 奨学金
年迈　niánmài（形）		old; aged 연로하다, 나이가 많다 年を取っている，高齢である
警示　jǐngshì（动）		warn 경고하다 警告の掲示やマーク，警告する
火种　huǒzhǒng（名）		kindling material 불씨 火種

火灾	huǒzāi（名）	fire (as a disaster) 화재 火災
以免	yǐmiǎn（连）	in order to avoid; lest …지 않도록 〜をしないように
意外	yìwài（名）	accident; mishap 사고 不意の事故，突発事件
损失	sǔnshī（名）	loss; damage 손실 損失
穿着	chuānzhuó（名）	dress; clothing 옷차림 身なり
健美	jiànměi（形）	vigorous and graceful 건강하고 아름답다 健康で美しい
路人	lùrén（名）	passer-by; stranger 행인，낯선 사람 道行く人，赤の他人
何乐而不为	hé lè ér bù wéi	why not go ahead with it 왜 즐겨하지 않겠는가 どうして喜んでしないことがあろうか，もちろん喜んでする

复习与练习

一、选择填空。

不过　反而　于　为了　根据　以

即使……也……　　无论……都……

只要……就……　　除非……否则……

1. 明后两天的降雪会有利（　　）缓解近期的干旱情况。

2. 这人看着很面熟，（　　）我一时想不起来他的名字了。

3. 这件事不但没把他打倒，（　　）让他更加坚强起来。

4. 这里一年四季都很温暖，（　　）是冬天（　　）不冷。

5. 你（　　）细心体会、认真思索，（　　）能理解这段话的意思。

6. 这里的山民很喜欢唱歌，在这一带，（　　）你走到哪里，（　　）能听到他们的歌声。

7. （　　）你从现在起认真复习，（　　）这次考试就要不及格了。

8. （　　）练好汉语口语，他经常找中国朋友们聊天。

9. 2008 年，他（　　）全市理科第一名的成绩考上了清华大学。

10. （　　）现有的材料，我们可以做出一些初步的判断。

请沿虚线折一下

参考答案：

1. 明后两天的降雪会有利（于）缓解近期的干旱情况。

2. 这人看着很面熟，（不过）我一时想不起来他的名字了。

3. 这件事不但没把他打倒，（反而）让他更加坚强起来。

4. 这里一年四季都很温暖，（即使）是冬天（也）不冷。

5. 你（只要）细心体会、认真思索，（就）能理解这段话的意思。

6. 这里的山民很喜欢唱歌，在这一带，（无论）你走到哪里，（都）能听到他们的歌声。

7. （除非）你从现在起认真复习，（否则）这次考试就要不及格了。

8. （为了）练好汉语口语，他经常找中国朋友们聊天。

9. 2008 年，他（以）全市理科第一名的成绩考上了清华大学。

10. （根据）现有的材料，我们可以做出一些初步的判断。

二、改错句。

1. 不管我很忙，他不帮我。

_____

2. 只要抓紧时间，就你能完成任务。

_____

3. 我不太了解这件事，但是随便说说。

_____

4. 我对汉语语法有一些了解，没有系统地学
习过。

_____

5. 只有下水去实践，就能学会游泳。

_____

6. 他不但没生气，也安慰我不要太担心。

_____

7. 除非你告诉我原因，否则我就会帮你。

_____

8. 即使你说再多，我就会答应。

_____

9. 他都 30 岁了还不出去工作，凭父母生活。

_____

10. 这项任务一定要按照期完成。

_____

参考答案：

1. 不管我多忙，他都不帮我。

2. 只要抓紧时间，你就能完成任务。

3. 我不太了解这件事，不过随便说说。／我不太了解这件事，只是随便说说。

4. 我对汉语语法有一些了解，但是没有系统地学习过。

5. 只有下水去实践，才能学会游泳。

6. 他不但没生气，还安慰我不要太担心。／他不但没生气，反而安慰我不要太担心。

7. 除非你告诉我原因，否则我不会帮你。

8. 即使你说再多，我也不会答应。

9. 他都30岁了还不出去工作，靠父母生活。

10. 这项任务一定要按期完成。／这项任务一定要按照期限完成。

请沿虚线折一下

三、请结合这张图片写一篇 80 字左右的短文。

1. 看图，提出问题，并列举可能的答案。

如：

1）图片上的标志是什么意思？禁止右转弯。

2）＿＿＿＿＿＿＿＿＿＿＿＿＿＿＿＿

3）＿＿＿＿＿＿＿＿＿＿＿＿＿＿＿＿

4）＿＿＿＿＿＿＿＿＿＿＿＿＿＿＿＿

2. 整理以上问题，进行想象，安排事情发展
   的顺序和过程，扩展成完整的一件事，书
   写短文。

＿＿＿＿＿＿＿＿＿＿＿＿＿＿＿＿＿＿

＿＿＿＿＿＿＿＿＿＿＿＿＿＿＿＿＿＿

＿＿＿＿＿＿＿＿＿＿＿＿＿＿＿＿＿＿

＿＿＿＿＿＿＿＿＿＿＿＿＿＿＿＿＿＿

＿＿＿＿＿＿＿＿＿＿＿＿＿＿＿＿＿＿

＿＿＿＿＿＿＿＿＿＿＿＿＿＿＿＿＿＿

提示与答案：

1.

2）这个标志的作用是什么？提示车
辆在这个路口不能右转弯。

3）在哪里可以看到这个标志？路口。

4）看到这个标志，人们会怎样做？
不右转、遵守交通规则、维护交
通秩序。

2.　　在马路上，尤其是在交通路
口，我们常常可以看到各种各样
的交通标志。有的用来指路或限
速，有的指示哪里禁行、可以往
哪边转弯，有的提醒司机和行人哪
里可能容易发生交通事故。不管
看到哪一种，我们都应该自觉地
严格遵守，为维护我们城市的交
通秩序贡献自己的一份力量。

请沿虚线折一下

星 期 五

复句（三）和象声词

今天我们来看看复句的最后一部分，即表示因果、目的、假设等几种关系的复句。

词语部分，今天我们来学习一类比较有意思的词——象声词。

考点解析

因果、目的、假设三种关系复句及象声词

一、复句

（一）因果关系复句

有的因果关系复句是前一个分句提出原因，后一个分句说明结果。

1. 因为（由于）……，所以……：这个结构要注意主语的位置，当主语不同时，每个分句的主语要放在关联词的后面，当主语相同时，主语要放在"因为（由于）"的前面。

例：因为天气不好，所以我不想去旅行了。（主语不同）

她由于每天练习，所以字写得特别好。（主语相同）

2. ……，因此（因而）……：前面是原因，后面是结果。

例：他生病了，因此没来上课。

他们来自不同的国家，因而生活习惯不一样。

有的因果关系复句是前一分句说明结果，后一分句说明原因。

3. 之所以……，是因为……：解释说明出现这个结果的原因，比较正式。

例：之所以冰箱里的食品都坏了，是因为昨天晚上停电了。

他之所以没有获得奖学金，是因为缺课太多了。

4. ……，因为……：比较口语化。

例：我不能陪你一起去了，因为我的作业还没做完。

我去不了了，因为没钱。

有的因果关系复句是前一分句提出理由或根据，后一分句推断出结论。

5. 既然……，就……：由"既然"引导的分句是双方已知的信息或已经发生的事情，说话人由此推出后面的结论。

例：既然你来了，就帮我整理一下那边的东西吧。

既然她不喜欢你了，你就不要再去找她了。

6. ……，可见……：从前面的情况得出后面的结论。

例：他连很多文言文都能看懂，可见他的中文水平非常高。

这么简单的单词你都没记住，可见没有好好学。

（二）目的关系复句

一个分句表示行为，另一个分句表示行为的目的。

1. ……，以……：前面表示行为，后面表示目的，一般用于书面语。

例：医院在郊区新建了分院，以改善医院的医疗条件，缓解老院区压力。

2. ……，好……：一般用于口语。

例：赶紧告诉他吧，好让他早点儿做准备。

快把这个好消息告诉她吧，好让她也高兴高兴。

3. ……，以便……：表示前一分句的行为使后一分句的目的容易实现。

例：请在快递单上写清楚地址和电话，以便准确快速投递。

4. ……，以免（免得、省得）……：表示要避免某种不希望的情况发生。"以免"一般用于书面语，"免得、省得"较口语化。

例：你要认真总结经验教训，以免出现类似错误。

你赶紧回去吧，免得家长担心。

你帮我把这本书顺便还了吧，我就省得跑一趟了。

（三）假设关系复句

一个分句提出假设，另一个分句说出在这种情况下会出现的结果。

1. 如果（要是、假如、假若、若是）……，（就）……："如果"最为常用，"要是"一般用于口语，"假如、假若、若是"一般用于书面语。

例：如果你不相信，就自己去看看吧。

要是你没时间去，就让小王去吧。

假如时光可以回到五年前，我依然会这样选择。

若是你认为有必要，我们就一起想办法完成。

2.（如果、要是）……的话,（就）……："的话"是助词,表示假设语气,一般用于口语。

例：（如果、要是）有问题的话，你可以随时来找我。

你三点钟还到不了的话，我就先走了。

（四）复句的主语与关联词

1. 在复句中，有时各分句的主语相同，这时主语只在一个分句中出现就可以了。表示并列、递进、承接、选择关系的复句，主语一般放在第一个分句；表示转折、让步、条件、因果、目的、假设关系的复句，主语放在第一分句或者第二分句都可以。

例：他又会唱歌，又会跳舞。（并列）

因为经常锻炼，所以他身体很好。　他因为经常锻炼，所以身体很好。（因果）

2. 复句的关联词多数是连词，也有少量副词。连词做关联词时，位置为：第一分句的连词有两个位置，两个分句主语相同时，一般放在主语后，两个分句主语不同时，第一分句的连词一般要放在主语前；第二分句的连词一定要放在主语前。

例：他不但参加了会议，而且在会议上发了言。

虽然这次会议的时间比较长，但大家都不觉得枯燥。

3. 起关联作用的副词，一定要放在主语后，主要有"却、就、还、也、都、才"等。

例：我不太喜欢这个味道，他却很喜欢。

二、象声词

象声词是模拟物体或动作的声音的词，又叫"拟声词"，在句中常常做状语、定语、谓语、补语等。

例：雨哗哗地下个不停。

突然一阵"丁零零"的电话铃声打断了他的思路。

其中的"哗哗、丁零零"就是象声词。常用的象声词还有：

噔噔：脚步声

嘀嗒（dī dā）：钟表摆动的声音

咚咚：敲门声

咕嘟（dū）咕嘟：大口喝水声

咕咕、咕噜（lū）噜：肚子饿的响声

哈哈：笑声

呼哧（chī）呼哧：喘气声

轰隆（lōng）、隆（lōng）隆：雷声、机器声、炮声

呼呼：风声

哗哗、哗啦哗啦：雨声、流水声

叽叽喳喳：鸟叫声

怦（pēng）怦：心跳声

砰（pēng）砰：枪声

噼（pī）里啪啦：掌声、鞭炮声、摔东西声

扑哧：笑声

扑通：重物落地声、落水声

嗡嗡：蜜蜂、苍蝇等发出的声音

考题实战

一、完成句子。

1. 他今天　因为　身体　没来上班
   不太舒服　所以

　　_____。

2. 他们　学习汉语的　水平也不一样
   时间长短不同　因而

　　_____。

3. 他们　配合得不太好　没有得到冠军
   之所以　是因为

　　_____。

4. 明天　多穿些衣服　以免感冒　大风降温
   你要

　　_____。

5. 记下来　考试之前　复习　把重点内容
   以便

　　_____。

6. 如果　先去趟　图书馆　来得及的话
   我想

　　_____。

7. 没有你的帮助　要是　我的学习
   进步这么快　不会

　　_____。

8. 叽叽喳喳地　春天　小鸟　到了　树上的
   叫着

　　_____。

9. 一整天　没吃饭了　肚子　饿得　我的
   咕咕叫

　　_____。

10. 飞来飞去　小蜜蜂　在花丛中　忙碌的
    嗡嗡地

　　_____。

参考答案：

1. 因为身体不太舒服，所以他今天没来上班。/他今天因为身体不太舒服，所以没来上班。

2. 他们学习汉语的时间长短不同，因而水平也不一样。

3. 他们之所以没有得到冠军，是因为配合得不太好。

4. 明天大风降温，你要多穿些衣服，以免感冒。

5. 把重点内容记下来，以便考试之前复习。

6. 如果来得及的话，我想先去趟图书馆。

7. 要是没有你的帮助，我的学习不会进步这么快。

8. 春天到了，树上的小鸟叽叽喳喳地叫着。

9. 一整天没吃饭了，我的肚子饿得咕咕叫。

10. 忙碌的小蜜蜂在花丛中嗡嗡地飞来飞去。

二、请结合每张图片写一篇80字左右的短文。

_____

_____

_____

_____

_____

_____

_____

_____

_____

提示与答案：

1. 看图，提出问题。

1）牌子上写的是什么？足下留情，回报的是绿茵。

2）这句话是什么意思？不要踩踏小草，小草会形成美丽的风景……

3）牌子一般放在什么地方？公园里、校园里、路边、其他有草坪的地方……

4）放这个牌子的目的是什么？提醒大家注意，告诉大家不要踩踏草坪，提醒大家小草需要保护……

5）看到这个牌子，你会怎样做？微微一笑，绕路而行……

2. 整理以上问题，进行想象，安排事情发展的顺序和过程，扩展成完整的一件事，书写短文。

　　春天到了，草儿钻出了泥土，树上长出了嫩嫩的绿芽，公园里人来人往。在公园的绿地上，我看到一块长方形的牌子，上面写着"足下留情，回报的是绿茵"。是啊，我们都应该爱护自然，保护环境，保护我们美丽的地球。

请沿虚线折一下

_____

_____

_____

_____

_____

_____

_____

_____

_____

_____

_____

提示与答案：

1. 看图，提出问题。

1) 这是什么建筑？长城。

2) 在哪里可以看到这个建筑？北京……

3) 你去过或者听说过长城吗？听说过、去过、没去过但是期待……

4) 它给你留下了什么印象？雄伟、壮观、美丽……

2. 整理以上问题，进行想象，安排事情发展的顺序和过程，扩展成完整的一件事，书写短文。

　　上周末我和同学们一起去爬八达岭长城。我小时候就听说过中国的长城，这次能去长城游览非常兴奋。经过几个小时，我们终于爬到了长城的最高点。远远望去，像巨龙一样的长城，连绵起伏的群山，茂密的树木，还有红叶、蓝天，真是雄伟而美丽的景象！

◆ 生词

配合	pèihé（动）	cooperate 협력하다 力を合わせる，歩調を合わせる
降温	jiàngwēn（动）	(of temperature) drop; fall 온도를 내리다, 낮추다 温度を下げる，気温が下がる
蜜蜂	mìfēng（名）	bee; honeybee 꿀벌 ミツバチ
忙碌	mánglù（形）	busy 바쁘다 忙しい
绿茵	lùyīn（名）	green; grassy land 잔디밭 緑の草地，芝生
踩踏	cǎità（动）	tread on; step on 밟다 踏む, 踏みつける
草坪	cǎopíng（名）	lawn 잔디 芝生
绕路	ràolù（动）	make a detour 우회하다 回り道をする
人来人往	rénlái-rénwǎng	people are coming and going 오가는 사람이 끊이지 않다 人々が行き来する

建筑　jiànzhù（名）

building
건물, 건축물
建築物，建物

期待　qīdài（动）

look forward to; expect
기대하다
期待する

雄伟　xióngwěi（形）

grand; magnificent
웅장하다
（建築物や山河が）勇壮である，壮大である

壮观　zhuàngguān（形）

magnificent
장관이다
壮観である

连绵起伏　liánmián-qǐfú

continuous and rolling
끊임없이 기복을 이루다
えんえんと起伏し続いている

景象　jǐngxiàng（名）

scene; sight
경치
光景，ありさま

复习与练习

一、选择填空。

只有……才……　　因为……所以……

如果……就……　　虽然……但是……

是……还是……　　不管……都……

只要……就……　　与其……不如……

1. （　　　）双方都有积极合作的态度，这项工作（　　　）能顺利开展。

2. （　　　）肯下功夫，（　　　）一定能取得进步。

3. （　　　）最近太忙了，（　　　）直到今天才来看你。

4. （　　　）练习舞蹈并不容易，（　　　）我还是要坚持下去。

5. （　　　）明天天气好，我们（　　　）去公园划船。

6. 我们今天（　　　）先学习美术，（　　　）先学习书法？

7. 天气这么好，（　　　）待在家里聊天，（　　　）到外面散散步。

8. 他（　　　）嘴上没说，（　　　）心里却非常激动。

9. 他（　　　）对学习还是对工作，（　　　）非常认真。

10. （　　　）你早两天来，（　　　）能见到他了。

参考答案：

1. （只有）双方都有积极合作的态度，这项工作（才）能顺利开展。

2. （只要）肯下功夫，（就）一定能取得进步。

3. （因为）最近太忙了，（所以）直到今天才来看你。

4. （虽然）练习舞蹈并不容易，（但是）我还是要坚持下去。

5. （只要、如果）明天天气好，我们（就）去公园划船。

6. 我们今天（是）先学习美术，（还是）先学习书法？

7. 天气这么好，（与其）待在家里聊天，（不如）到外面散散步。

8. 他（虽然）嘴上没说，（但是）心里却非常激动。

9. 他（不管）对学习还是对工作，（都）非常认真。

10. （如果）你早两天来，（就）能见到他了。

请沿虚线折一下

二、改错句。

1. 我不但看不懂，也他看不懂。

_____

2. 要么我们去八达岭长城，要么我们去颐和园。

_____

3. 虽然他已经六十多岁了，头发没有白。

_____

4. 明天刮风还是下雨，我们准时出发。

_____

5. 要是没有你们的帮助，就我无法生活下去。

_____

6. 只要努力，多听多说，才一定能学好汉语。

_____

7. 与其在这里等，没有我们直接去找他。

_____

8. 因为能顺利通过面试，他花 1000 多块钱买了一套名牌西服。

_____

9. 他们来自不同的国家，为了生活习惯各不相同。

_____

10. 他是因为公司派他出国了，之所以没有参加妹妹的婚礼。

_____

参考答案：

1. 不但我看不懂，他也看不懂。

2. 我们要么去八达岭长城，要么去颐和园。

3. 虽然他已经六十多岁了，但是头发还没有白。

4. 不管明天是刮风还是下雨，我们都准时出发。

5. 要是没有你们的帮助，我就无法生活下去。

6. 只要努力，多听多说，就一定能学好汉语。/ 只有努力，多听多说，才能学好汉语。

7. 与其在这里等，不如我们直接去找他。

8. 为了能顺利通过面试，他花 1000 多块钱买了一套名牌西服。

9. 他们来自不同的国家，所以生活习惯各不相同。

10. 他之所以没有参加妹妹的婚礼，是因为公司派他出国了。/ 因为公司派他出国了，所以他没有参加妹妹的婚礼。

请沿虚线折一下

三、请结合这张图片写一篇 80 字左右的短文。

1. 看图，提出问题，并列举可能的答案。

如：

1）图片上有什么？果树、成熟的果子……

2）_____

3）_____

4）_____

2. 整理以上问题，进行想象，安排事情发展的顺序和过程，扩展成完整的一件事，书写短文。

_____

_____

_____

_____

_____

_____

_____

提示与答案：

1.

2）图片上的内容可能发生在什么季节？秋天、收获的气节……

3）这些果树是谁种的？农民、果农……

4）看到这个场景，你的心情是怎样的？开心、想吃、替果农高兴、有付出才有收获……

2. 　　秋天是收获的季节，果农们经过一个夏天的辛勤劳作，终于等到了丰收的时刻。看着枝头上那鲜红饱满的果实，他们的心里乐开了花。你们呢，看到这美味的水果，是不是想马上摘下来痛快地大吃一番呢？

请沿虚线折一下

第 3 周

周末复习与训练

知识点补充

文章的结尾和前后呼应

一、文章结尾的常用写作方法

结尾是文章的最后一部分，好的结尾可以让文章有整体感和完美感。结尾的写作方法比较灵活，一般有以下几种：

1. 说明事情的结果，文章自然地结束。

2. 对全文做一个总结，点明文章的主题。

3. 发表自己的看法，抒发自己的感情。

同时，如果文章的结尾能够和文章的开头相呼应，并且给读者留下想象的空间，就会是一个更好的结尾，可以使文章更精彩，起到"画龙点睛"的效果。

二、文章的前后呼应

前后呼应是指文章的上下文在意思上相互配合。呼应的作用是使文章前后意思连贯、逻辑清晰、有整体感，并且能突出文章的主要内容。

使文章前后呼应的方法有：文章围绕题目或中心句进行写作，不偏离主题；开头提到的内容，结尾进行适当重复，并且深化主题；上文说明起因或提出问题，下文告知结果或做出回答；下文要重点讲述的内容，可以在上文先简单提到；结尾对全文主要内容进行总结，使读者更深入地理解作者的写作意图。

练习

读下面短文，完成练习。

夜 空

夜空是那么美丽，那么迷人，那么绚丽多彩。每当我仰望夜空，都会对它产生一种迷恋的感觉。

　　我静静地坐在窗口，用手轻轻地托着脑袋。抬头望见晴朗的夜空中，月亮像一位害羞的姑娘，用云遮住美丽的脸庞，星星们顽皮地眨着眼睛，好像无数珍珠挂在一望无垠的碧空中。

　　星星散发着微弱的光芒，有四个角的，也有五个角的。我凝视着一颗明亮的星星，刚刚它的周围还是空空的，但突然间，它的周围就多出了几颗，就是那么一瞬间，几乎不容察觉，就明明亮亮地出现了。

　　呵，两颗，三颗……不对，十颗，十五颗……奇迹般地出现，愈数愈多，再数亦不可。一时间，满天星斗，一片闪亮，像陡然打开了百宝箱，灿灿的、灼灼的，让人目不暇接……

练习：
给短文续写一个结尾，看看什么样的结尾比较好，注意前后呼应。

参考答案

　　我的心，也仿佛飞上了夜空，变成了无数星星中的一颗，静静地、静静地俯视着广阔无垠的大地……

生词表

A

B

C

家乡	jiāxiāng（名）	148
价格	jiàgé（名）	40
简历	jiǎnlì（名）	133
建筑	jiànzhù（名）	225
健美	jiànměi（形）	213
将近	jiāngjìn（副）	71
奖学金	jiǎngxuéjīn（名）	212
降温	jiàngwēn（动）	224
郊区	jiāoqū（名）	199
郊外	jiāowài（名）	166
结	jiē（动）	54
解脱	jiětuō（动）	71
晋升	jìnshēng（动）	53
京剧	jīngjù（名）	105
惊喜	jīngxǐ（名）	105
精美	jīngměi（形）	92
景象	jǐngxiàng（名）	225
警示	jǐngshì（动）	212
居然	jūrán（副）	181
据说	jùshuō（动）	200

K

看望	kànwàng（动）	166
空闲	kòngxián（形）	72
扩展	kuòzhǎn（动）	92

L

喇叭	lǎba（名）	182

蜡烛	làzhú（名）	23
来者不拒	láizhě-bújù	200
浪漫	làngmàn（形）	72
劳动	láodòng（动）	23
劳累	láolèi（形）	53
理想	lǐxiǎng（名）	104
利润	lìrùn（名）	71
连绵起伏	liánmián-qǐfú	225
联欢会	liánhuānhuì（名）	132
廉洁	liánjié（形）	181
凉亭	liángtíng（名）	199
聊天	liáotiān（动）	40
伶俐	línglì（形）	199
凌晨	língchén（名）	118
领导	lǐngdǎo（名）	181
留念	liúniàn（动）	72
流利	liúlì（形）	132
榴莲	liúlián（名）	200
录取	lùqǔ（动）	118
路人	lùrén（名）	213
绿茵	lùyīn（名）	224
落水	luòshuǐ（动）	199

M

码头	mǎtóu（名）	199
忙碌	mánglù（形）	224
茂密	màomì（形）	148
美观	měiguān（形）	199

外研社·HSK课堂系列

　　"外研社·HSK 课堂系列"是一套训练学生听、说、读、写各方面技能的综合性考试教材，包括五大子系列。本系列教材紧扣 HSK 考试大纲，准确把握 HSK 考试的重点难点，分析深入浅出，讲解精练到位，使学生能够快乐学习、轻松过关。

1 HSK 词汇系列

2 21 天征服 HSK 教程系列

3 HSK 专项突破系列

4 HSK 通关系列

5 HSK 全真模拟试题集系列

快乐学汉语
轻松得高分！

中文天天读
Reading China

　　《中文天天读》是专为汉语学习者编写的一套中文分级读物。既可作为课外读物，也可作为阅读教材。《中文天天读》具有如下特点：

- **分级读物**：按语言难度分为五个等级，每级各有不同的分册，可适合不同级别学习者使用；
- **中国话题**：话题从中国人的衣食住行、传统风俗与现代生活的交替到中国当代的语言、文化、经济等，从不同角度客观展现了中国的社会面貌；
- **文章简短**：篇幅短小，语言浅显，内容风趣，体裁多样，可充分调动学习者的阅读兴趣；
- **有声阅读**：每册均有配套 CD 或 MP3，学习者可边听边读，通过听、读两种方式欣赏地道的中文。

《中文天天读》包含如下产品：

1级	1A 爱上中国	1B 小马过河	500 词汇
2级	2A 奇妙的中文	2B 自行车王国	1000 词汇
3级	3A 八月八日，我们结婚	3B 好一朵茉莉花	2000 词汇
4级	4A 北京欢迎你	4B 种下一棵爱情树	3500 词汇
5级	5A 熊猫外交	5B 中国的"春运潮"	5000 词汇

联系方式：
Tel: 86-10-88819973　　E-mail: chinese@fltrp.com

中国人的生活故事

　　《中国人的生活故事》系列读物由孔子学院总部／国家汉办组织策划编写、外语教学与研究出版社出版。目的是为了满足各国汉语学习者在汉语读物方面的需求，促进中外文化的交流与理解。《中国人的生活故事》第一辑以轻松便携的口袋书形式推出，按主题分为8个分册，每个分册共收录8篇文章。选文从名家名篇到普通人手笔，从各个角度全方位地展现着现代中国人生活的方方面面。通过该系列读物，读者不仅可以提高中文阅读能力，也能够通过这些故事了解普通中国人的生活和情感，从而更加了解中国，了解中国人。此外，图书配套提供在线的声音资源，读者可以通过扫描封底二维码自由获取，一边读一边听，在品味故事的同时提高中文听说水平。

联系电话： 010-88819973　　**邮箱：** chinese@fltrp.com

- **内容全面**——从学习者、教师、教学沟通、教学计划、文化、学科间的融会贯通、教学资源、教学项目等八大维度全面阐释最新教学理念及教学相关内容

- **案例全新**——提供大量沉浸式教学实例、教具使用范例、文学使用范例和 web 2.0 运用范例

- **评估科学**——全面介绍西方最新的评估模式和全美外语教学学会的实践评估体系

- **外语教师必备"圣经"**

- **内容全面**——理论联系实际，介绍理论基础，举例具体说明

- **架构清晰**——以理论基础和教学环境介绍为第一部分，以主题式教学案例为第二部分

- **案例全新**——提供多个主题式教学案例，为对外汉语教师提供指导

- **方法得当**——推崇"主题式教学法"，详细说明如何为学习者制造语言环境

联系电话：010-88819973 邮箱：chinese@fltrp.com